新青年丛书

哲學問題

黄乔生　张远航　主编

中央编译出版社
CCTP Central Compilation & Translation Press

图书在版编目（C I P）数据

哲学问题 / 黄乔生，张远航主编 . -- 北京：中央编译出版社，2025.3
（新青年丛书）
ISBN 978-7-5117-4424-1

Ⅰ . ①哲… Ⅱ . ①黄… ②张… Ⅲ . ①哲学理论—英国—现代 Ⅳ . ① B561.54

中国国家版本馆 CIP 数据核字 (2023) 第 086432 号

哲学问题

责任编辑　张　科
责任印制　李　颖
出版发行　中央编译出版社
地　　址　北京市海淀区北四环西路 69 号（100080）
网　　址　www.cctpcm.com
电　　话　（010）55627391（总编室）　（010）55627312（编辑室）
　　　　　（010）55627320（发行部）　（010）55627377（新技术部）
经　　销　全国新华书店
印　　刷　北京盛通印刷股份有限公司
开　　本　797 毫米 ×1094 毫米　1/16
字　　数　86 千字
印　　张　11.25
版　　次　2025 年 3 月第 1 版
印　　次　2025 年 3 月第 1 次印刷
定　　价　1280.00 元（全 8 册）

新浪微博：@ 中央编译出版社　　微　　信：中央编译出版社（ID：cctphome）
淘宝店铺：中央编译出版社直销店（http://shop108367160.taobao.com）（010）55627331

本社常年法律顾问：北京市吴栾赵阎律师事务所律师　闫军　梁勤
凡有印装质量问题，本社负责调换，电话：（010）55627320

新青年叢書第三種

哲學問題

羅素著
黃凌霜譯

原著出版次數：—

版初	一九一二年	十一月
重版	一九一三年	九月
三版	一九一八年	四月
四版	一九一九年	三月

羅素名哲

哲學問題目次

序

我在這本書所講的哲學問題，以關於那些我以為所能施以積極和建設的討論者居多，因爲只是消極的批評，似乎用不着；所以知識論比玄學占較多的篇幅，而哲學家常常討論的有些問題，也約略處理過罷了。

我從穆爾(G. E. Moore)和柯尼思(J. M. Keynes)兩先生未刊的著作，得了些有價值的幫助：得自前者的，是關於『感覺與料』(Sense-data)與『物體』之關係，得自後者的，是關於『或然性』(probability)和『歸納』(induction)。此外毛梨教授(Prof. Gilbert Murray)的批評和貢獻，我也很獲他的益處。

譯者導言

（一）近世哲學的趨勢，可以說由玄而實。十世世紀以來的實證主義，實用主義，新唯實主義，都是向着實的方面前進，與玄學越離越遠。於是從前太過輕視科學的唯心論，漸漸失却信仰，而承認科學與哲學分離爲哲學之不幸的哲學思潮，就應時而起。新唯實主義由批評而進爲建設，可算是旗幟鮮明中最鮮明的一派。此派中的意見，沒有二人是符合無間者，而羅素又是其中最多發見和貢獻的一個。羅素雖以爲哲學不藉科學的材料爲基礎，其結論也不必因科學理論爲轉移，但他總承認科學的價值，承認各自的範圍。他說：『智慧的來源，哲學與科學，本來用出一點，哲學所得的結果，與科學所得的也沒有根本的不同；哲學最重要的特性，使他與科學的研究分線的，在乎批評主義』。這種創始的理論，乃近代思潮的結晶，凡研究羅素哲學者所最當注意的。

（二）我們讀羅素的書所得的最大之敎訓，就是他那種『分析』的方法。無論什麼學說，他總把他析成毫芒，使主張者的眞意畢露，然後加以批評和斷定。 他曾說：『我的哲學，是分析的，因爲這種哲學必要找出複雜所由成的簡單元素，簡單元素未嘗預有那複雜的，而複雜的却預有那簡單的』。 這種方法是眞正的科學方法。

(三)哲學問題的解答，和所取以解答的問題，每每因派因人而有不同。 近代哲學家最注重知識論，至於宗敎倫理等等問題，反視爲不急之務，羅素研究這個問題，更有獨到之處，今試總括其所得之結果，列表如下：

知識有兩種
- (一)事物的
  - 直接
  - 引申
- (二)眞理的
  - 直接
  - 引申

(一)直接的物之知識
- (a)殊相(卽個體)
- (b)共相(卽全稱)

(a)殊相　感覺與料　自識

(b)共相　可覺的性質　時間，空間，類似等

(二)物的引申之知識：

(c)直覺的眞理

(d)引申的眞理

(參看本書第十章)

(四)這本書爲通俗而作，作者有些哲學的意見，與他現今的不同，但其中的理論，頗多精確不磨之處，自然可以供我們的參攷；不過其中術語太多，如未曾研究過哲學的，最好先看西洋哲學概論，或歷史等書，一方面既可以得知思想變遷的途徑，一方面自無鑿鑿不入之弊。

（五）哲學上的譯語，中土本無一定，如Sense data一語，在羅素的著作中，非常重要，但苦無適切的譯語，有人譯爲『感覺資料，』有人譯爲『感覺所生，』更有譯其音而不翻其義的，原來data一字，出自拉丁，有『與』字的意思，故從日本哲學字典譯爲『感覺與料』；又如Idealism一字，通常俱譯『唯心論』，但在這本書中，似乎譯『觀念論』較爲恰當，所以去彼取此。凡關於此種譯語，最好請讀者注意作者對於原語所下的定義，如此就不怕有含混之弊了。

（六）凡原文用斜體之字，譯文卽於其旁加◎符，表示着意的所在。

此書脫稿後，送張申甫先生較閱，得他許多的帮助。後來我的朋友張柏堅先生又同我較對一次，對於譯者的貢獻，非常之大，這是譯者萬端感激的。特綴數語以謝兩先生的厚意。

譯者

哲學問題

羅素著　黃凌霜譯

第一章　顯象與實體

世界上有沒有些眞確的知識，使凡有思想的人都不能懷疑？這個問題驟然看去，似乎不甚困難，其實是可問的之中最困難的一個。我們到了覺着困難，不能得到眞實可靠答案時，只有從事於哲學之研究：因爲僅有哲學才是解答這樣的究竟問題之企圖，然而這種企圖，必先探索出使這些問題所以困難的所在，和確知道隱伏在平常觀念中的弱點和混淆，然後再從事於批評，却不是如我們對於平常生活或甚至在各種科學所解決的那麼獨斷和隨便。

在日常的生活，有許多我們信以爲然的東西，經過稍爲精密的攷察，都見得顯然自相矛盾的地方如此之多，所以非很强的思想力，不能教我們知道那眞可相信的是什麼。找尋眞確的知識，自然由我們現今的經驗做出發點，因爲知識是有幾分是由經驗得來的。但我們由直接經驗所得的知識，彷彿常會錯誤。 譬如我現在坐着一張椅子，旁着一張某種形狀的桌子，桌子上有手寫或鉛印的紙片。 轉過頭來，看見窗外有屋宇，雲霧，和太陽。 我相信太陽離地球大約九千三百萬英里；他是一個熱球，比地大好幾倍，因爲地球旋轉，所以看見他每早東升，并且在將來無限的時間，永遠如此。 我相信任何平常的人，進到我的房裏，一定看見我所看見的椅子，桌子，書籍和紙片，而我所看見的桌子，也同我覺得接觸着我手臂的桌子一樣。 這些事情，除了回答一個疑感我是否有知的人外，不消說是很明白的。 然而這裏面很可以懷疑，并且統統都要非常小心的考究，方才可以確知我們陳述他的法式，是否完全眞確。

要使我們的困難變爲明白，請聚精會神於這個桌子。 眼看見的桌子是橢圓的，樸的，亮的；手模着的是滑的，涼的，硬的；以手叩之，發出木聲。 無論何人看着覺着和聽着這張桌子，一定首肯這種摹述，如此似乎毫無困難，但我們想更要適切一點，困難就隨之而發生了。 雖然我相信這張桌子，『眞』是全體一色，但是那反光的部分，看去總比別的部分亮些，更有些部分似乎白了的。我知道：若是把身移動一下，反光的部分便有不同，因此桌子的顏色之實在分配，也就變了。倘若幾個人同時看着這桌子，沒有兩個所見的顏色之分配是相同的，因爲沒有兩個可以由同一的觀察點去看他，觀察點既然不同，那麼所看見的反光也就不一致了。

就大多的實用目的而論，這些不同，不甚重要，但對於畫家，却是重要的很：畫家不曉得物件『似有』，而常識稱爲『眞有』的顏色之思想習慣，而曉得一切東西現象的觀察之習慣。說到這裏，我們已經進到哲學上最煩難的一個分別——就是『顯象』與『實體』之分別，換言之，就是物件似乎如何，和眞是如何的分別。畫家要知道物件的『似是』，實用家和哲學家要知道物件的『眞相』；但哲學家要知道『眞相』的想望，較强於實用家，所以對於解答問題的困難，受知識的糾纏，比較更甚。

再囘到桌子上來說，我們在上面所已找尋出的，已經證明沒有一種顏色眞是桌子的顏色，或是桌子某部分的顏色，因爲顏色隨着觀察點的不同，常有變換，所以說其中有些顏色比較別的爲眞，這是沒有理由的話。我們又知道就使從同一的觀察點看去，顏色因爲人工光線，或對於色盲的人，帶藍眼鏡的人，各各不同，至在夜間，觸覺所感受的，聽覺所聞得的，雖還不變，而顏色已經沒有了。如此可見顏色不是本有的東西，不過是倚靠桌子，和看他的人，以及光線射落的途徑所顯出的一種東西罷了。平常我們說桌子的這種顏色，意思不過是說在光線的平常情形之下，以常態的觀察者，立於普通的視點所看見的那種「似是」的顏色罷了。若在別種情形之下，顏色的表現不同，也可以當作眞的；所以爲着避免偏見，我們不能不否認桌子自己有任何的一種特別之顏色。

論到桌子的結構，也是如此。用我們的肉眼，可以看見木質上的小孔，然而還不失爲一張平滑的桌子。如果用顯微鏡看起來，其凸凹不平，眞像高山和深谷一樣；除此之外，更有非肉眼所能見的種種差異。然則敢問那種是「眞相」的桌子？我們自然會說由顯微鏡所見的更加眞實，然而用更加有力的顯微鏡所看見的又不同了。那麼，我們不能相信肉眼所看見的，何以又相信顯微鏡所見的？所以我們起初相信自己的感覺如今也靠不住了。

論到桌子的形狀，也是如此。　我們都有判斷物狀的『眞相』之習慣，但以其既成爲習慣，所以常常以爲所見的就是『眞相』。　其實一件東西，隨觀察點的差異，生出種種不同的形相，我們若是繪畫，就知道此理了。　如果我們的桌子是『眞的』長方形，無論從什麼觀察點來看，總見得他像有兩個銳角和兩個鈍角。　如果相對線是平行的，看到遠處，似乎交在一點之上；如果兩線同長，看起來就像近者長而遠者短。　我們平常看見一張桌子，不大注意這些事情，因爲經驗教我們由那『現是』構造他的『眞相』，而那『眞相』卻是爲我們實用家所引爲有興味的。　然而『眞相』不是我們所看見的，卻是由我們所見而加以推理作用的東西。　我們在房內轉動所看見的外表，是變動不居的；所以如此說來，感覺不能告訴我們以桌子的眞實，只告訴我們以桌子的顯象。

論到觸覺，也有同樣的困難。　桌子固然常常給我們以堅硬的感覺，並且覺得他反拒我們的壓力。　然而我們所得的感覺，靠着壓迫桌子用力的多少，和靠着用身體的那一部分去壓迫；所以不同的感覺，生自不同的壓力，或生自不同的體部，故感覺不能說是直接表現桌子的任何之特有性，但最多也不過是若干特性的符徵，這些特性也許是一切感覺的原因，但在他們之中，未必都能顯現了出來。同樣的道理，應用到聲音上，更覺彰明昭著，因爲這種聲音，是從叩桌子而發生的。

由此，可見世間就使有眞實的桌子，我們也可以證明他不是和我們的視覺觸覺或聽覺所能直接經驗出來的東西一樣；換言之，決不是我們直接所能認識的，但必定是由直接認識而更進一步的推理。因此兩個極困難的問題就立刻發生了：(一)世上有沒有眞桌子？(二)若有，他是種什麽東西？

在討論這些問題之前，且先講講意思確切明瞭的幾個簡單名詞，這是未常無益的。凡我們感覺所能直接認識的，名爲『感覺與料』(Sonre data)：譬如顏色，聲音，香味，堅硬凹凸等等都是。凡能直接認識這些東西的經驗，名爲『感覺』(Sensation)。譬如我們看見了一種顏色，便有顏色之感覺◎，但顏色本身是一種『感覺與料』，不是感覺，顏色是我們直接認識之東西©，這個認識就是感覺。於是可以明白如要知道桌子，必須以櫻色，楕形，平滑等等『感覺與料』爲媒介。我們所知道於桌子的，不過如此；但據以上所說過的理由，我們不能說桌子是『感覺與料』，也不能說『感覺與料』直接是桌子的特性。所以如果世間有所謂眞桌子，就有一個關於『感覺與料』和眞桌子的關係之問題發生。

假定世界上有眞的桌子，我們就叫他做『物體』（"Physical object"）。我們還要討論『感覺與料』和『物體』的關係。所有『物體』的集合，我們叫他做『物質』（"Matter"），因此我們的兩個問題，復陳如下：（一）世上有沒有所謂物質？（二）如有，他的性質是什麼？

巴克雷主敎（Bishop Berkeley（1685–1753））是第一個有名的提出我們感覺的對象，不能單獨存在的理由之哲學家。他著的海拉士與費倫尼斯的三席話，反對懷疑派與無神派（Three Dialogues between Hylas and Philonous, in Opposition to Skeptics and Atheists）要證明世間完全沒有所謂物質，世界只是心和心的觀念搆成的。海拉士原來相信『物』但非費倫尼斯的敵手，所以被他駁倒，使他否認物質的理論，結果變成常識一樣。巴克雷這種辯論的價值，也不能一概而論：有些地方是極重要而且很堅定的，有些地方却又是混淆或强辯。然而他還有一種功績：『就是指證否認物質的存在，以為並沒有什麼荒謬，如果世間有不倚靠我們而存在的物質，也斷不是我們感覺的直接對象』。

我們問物質是不是存在，同時牽動兩個問題，這是不能不把他們弄清楚的。我們平常所謂『物』，差不多是對『心』而言，以為物是占著空間，根本不能有什麼思維或意識的東西。巴克雷否認物質，大概是就這種意思來說；換言之，他不否認我們平常以為桌子存在的表徵之『感覺與料』，眞是離我們而存在的東西之表徵，他不過否認這些物不是精神，所以既不是心，也不是心的觀念。他承認我們出去屋外，或閉着眼睛，必有繼續存在的東西，并且承認甚至我們看不見那桌子而還有存在的理由。但他以為這東西雖必離我們的所見而獨立，然而在性質上却不能與我們所見的有根本之差異，也不能完全離所見而單獨存在。於是乎他就把『眞實』的桌子，當作神之心裏的一個觀念。這種觀念，能離我們而獨立和永存——至於物質恐怕就不如是了——若從我們可以推論他，而永不可以直接和立刻確知他的意義說，此種觀念，也是十分不可知的東西。

自從巴克雷以後，別的哲學家也有持這種見解的，他們雖然以爲桌子的存在，不靠我們看見他與否，但却靠有些的心之看見（或由感覺所知）——不必定要靠神的心，惟常要靠宇宙全體的總心。 他們的這種論調，正如巴克雷一樣，大多因爲他們以爲世間除了心和他的思維與感情外，不能有眞實的東西，或最少也沒有使我們知道是眞實的東西。 我們可以把他們的理論，陳述如下：『凡是可以思維的東西，定是思維他的人之心裏的一個觀念；所以除了心裏的觀念，更沒有可以思維的東西；所以觀念以外，都是不可思維的，而不可思維的，都不能存在』。

這種理論，據我的意見看來，實在是謬誤；然而主張此說的，自然不是說得這樣簡單，這樣淺薄。 今姑不論說的是否薄弱，但類似的議論，却極風行；有許多哲學家，或者是大多數，以爲心和心的觀念外，沒有眞物。 這種哲學家叫做『觀念主義者』(Idealist)。 他們解釋眞物質，彷彿和巴克雷一樣：物是沒有的，有的只是觀念之集合；或者彷彿和萊伯尼（

Leibniz (1646–1716) 一樣：凡是表現爲物的，其實是多少的『根心』(rudimentary mind)之集合體。

這些哲學家，雖然否認物爲心的對待，在別的意思，却又承認有物。說到這裏，我們又回到上面說過的兩個問題：（一）世間有沒有眞桌子？（二）若有，他是種什麼東西？巴克雷和萊伯尼兩個都承認世間有眞桌子，但前者說是神的心裏之觀念，後者說是靈魂的一個結合。然則他們對於第一個問題，已正面承認了，不過回答第二個問題，與常見異趣而已。其實，差不多所有的哲學家似乎都承認世上有眞桌子，他們以爲無論色形光滑等『感覺與料』，如何靠我們而存在，然而他們的表相，就是東西離我們而存在的一種符徵；東西也許與我們的『感覺與料』完全不同，然而總可以算是我們與桌子在適宜關係之中發生那些『感覺與料』的原因。

由此可以明白世間有眞桌子的意見，無論他的性質如何，而這一點已爲哲學家所公認了。這一點極其重要，在研究眞桌子的性質之先，很值得討論有什麼理由來承認這種意見。

所以本書的第二章就是要商榷假定眞桌子存在的理由。

如今且抽出片刻，先想一想我們以上研究所得的東西。 譬如我們取一個假定感覺能知的物體，這感覺直接告訴我們的，不是物體的眞相，惟是若干『感覺與料』的眞相，照上所述，『感覺與料』又靠物體和我們之間的關係；所以我們直接能見能覺的，僅是『顯象』，我們相信這是『實體』背後的一種表徵。 但假如表相不是實體，我們有沒有法子求知世間究竟有實體沒有？ 如有，我們有沒有法子找出他是怎麽樣子的一個？

這種問題，紛糾得很，甚至這種最奇的假設，或竟不眞，也難確知。 比方我們常見的桌子，從前不曾引起一點思想，如今倒能變成一個有許多使人驚異的可能性之問題了。 我們所能知的一件，就是他不與他的表相無別。 除這區區的結果外，我們還有推究的餘地。萊伯尼告訴我們他是靈魂的結果；巴克雷告訴我們他是神心的觀念；精確的科學，說來有點奇怪，告訴我們他是一大團電子的亂動。

在這許多使人驚異的可能性當中，因爲懷疑便觸發出世間或許完全沒有桌子。 所以哲學縱然不能解答這許多我們能想出的問題，但最少也有能力去問這些增進世間的興趣之問題，和指出在我們日常生活最平常的東西下面，還藏着許多的奇奧與玄妙。

第二章　物質的存在

這篇我們要問一問自已，無論在若何的意義上，世間有沒有所謂物質這樣的東西？　有沒有『眞性』(Intrinsic nature)的桌子，我不看着他的時候也繼續存在，抑或他只是我幻想的產品，一個大夢當中的桌子？　這是最重要的一個問題。　倘若我們不能確知物體的獨立存在，便不能知別人身體的獨立存在，心靈基於身體，若連身體的存在都不能知，那就更無根據相信有別人的心了。　所以如果我們不能確知物體的獨立存在，就孤孤寂寂的留在沙漠之中，所謂外界，也不過是夢幻泡響，除却自已，更無別物。　這是一種極不安的可能性；雖不能確證他是僞，也沒有一點理由推測他是眞。　我們在這篇就要看他爲什麽如此？

在我們研究可疑的事情之先，試找出多少定標爲出發點。　我們雖疑惑桌子的物質存在，却不疑惑使我們以爲有桌子的『感覺與料』當我們看的時候，某種形色浮現眼前，當我們觸的時候，某種硬覺經驗於體上，這都是我們所相信的。　這些是心理的問題，我們還沒有說過，然而無論什麼都可以疑惑，至少我們的幾個直接經驗似是絕對正確的。

近代哲學的始創者笛卡兒(Descartea，1596-1650)發明一個有系統的懷疑之方法，現在還可以採用，幷且也有補益的。　他決定凡他看見不是十分明透而認以為真的，都不肯相信。　凡可以令他生疑的，他便懷疑，除了得着理由外，懷疑決不中止。　他用這個方法，漸漸地知道所確可相信以為存在的，只有自已。　他設想一個欺騙的鬼魅，在一盞永久的幻燈裏，遠給他的感官許多假偽的東西；這種鬼魅一定不能存在，然而總有可能，所以懷疑感官所覺得的東西，也是可能了。

但懷疑他自已的存在却不可能，因為如果他不存在，就沒有鬼魅可以騙他了。　他既然懷疑，他必然存在；他既然有無論如何的經驗，他也必然存在。　所以他以為本身的存在，是絕對正確的。　他說，『我想，故我在』(Cogito, ergo sum)，從前他的懷疑，把知識的領域打破，現在又從這個正確的基礎上，重新建築一過。　笛卡兒發明了這個懷疑的方法，又證出主觀的東西是最正確的，對於哲學，極有貢獻，使如今研究哲學的，仍是獲益不少。

笛卡兒的『我想，故我在』的理論，不一定是十分正確，故使用還須愼重。　正如我們固知今日的我，無異於昨日的我，而在別的意義上，也不盡然。　眞正的『我』，像眞棹子一樣，很難認識，我們某種的經驗，決沒有絕對正確的。　比方我注視着一張棹子，看見了某種的櫻色，這是立刻確知的，不是『我看着櫻色』，只好說『一種櫻色被看見了』罷。今看見櫻色，自然要有一個看見顏色的東西或人；但不能說定就是我們所設永久存在的『我』。　就我們的直接親見所及，也許可以說看見櫻色的那個東西，有片刻的確實，而不可以說他和別個片刻經驗略異的東西是一樣。

所以有我們的特殊思想和感覺，才造成原形的確實。　這個道理，可以施諸夢幻錯覺與常態的知覺而無礙：我們夢着或看見一個魔鬼，當時總以爲眞正感覺，但徵諸各種理由，實在沒有物體與這些感覺相符合。　所以我們從自已經驗所得的知識，都不是必定確實的，這沒有什麼例外。　至此，我們就有一個有價值的研究知識之堅實基礎了。

我們要討論的問題如下：假定我們確知自己的『感覺與料』，我們有沒有理由說他是物體存在的徵象？我們把一切的『感覺與料』說盡了，這『感覺與料』我們自然當他是與桌子相貫聯的，然而我們對於棹子所應說的已說盡了嗎？　抑或此外還有些東西，有些不是『感覺與料』的東西，有些我們走出屋外，依然存在的東西？　照常識來回答，自然說是有。可以買賣，移動，和鋪桌布在上面的種種東西，決不單是『感覺與料』的集合體。　如果桌布完全把桌子蓋過了，我們就無從由桌子而獲得『感覺與料』，所以如果桌子單是『感覺與料』他就不能存在，而那桌布以神怪的力量，懸掛在空中，佔據着桌子以前存在的位置了。這簡直是荒謬；然而有志成爲哲學家的，必不要見人說是荒謬就要駭怕。

我們於『感覺與料』以外，必更要一個物體，其最大的原因，就是我們要求一個人人都以爲一樣的東西。　十個人圍着餐桌而坐，要說各各所見的桌布，刀叉，匙杯等等，各各差異，似乎是很奇怪。　但『感覺與料』都是各各所私有，直接現於這個人之眼光的，未必就直接現于那個人的眼光：他們由稍稍不同的觀點去觀察，所以便見稍稍不同的東西。　因此，如果世間眞有各各能認爲一樣的不偏之東西，必定是超乎表現於各各私有特殊的『感覺與料』之外的東西。　然而我們有什麼理由相信世間有這種大公無私不偏不黨的東西？

劈頭第一個答案，自然是雖然各各所見的桌子，稍稍不同，依然總是差不多相類的東西，而那些不同，也由於觀察和反光的不同，所以很易知道各各的『感覺與料』之下，必有永久的物。　我從我的舊房主買得一張桌子，我所買的決不是他的『感覺與料』，因爲他去了之後，他的『感覺與料』便沒了，但我所能買和眞實得的，是我自已見了這張桌子，必能發生多少相類的『感覺與料』。　所以這個事實就是不同的人，有相類的『感覺與料』，一個人在某地，在不同的時，也有相類的『感覺與料』，從這裏我們可以推測超乎『感覺與料』之上，必有爲各人各時的『感覺與料』之根據和原因的永久無偏之東西。

以上所論，全靠臆度我們以外還有別人，這個臆斷的問題，極其重要。　我敢說我外有人，也靠若干『感覺與料』，如他們的聲音容貌之表達；倘若我沒有理由相信我的『感覺與料』外仍有物體存在，也應該沒有理由相信別人的存在不過是我的夢境之一部分。　所以我們要證明我們的『感覺與料』外，有獨立存在的東西，却不能求諸別人的證據，因爲這證據本身也是『感覺與料』所組成，若我們自已的『感覺與料』不是離我們存在的表徵，這個證據也就不能說明別人的經驗。所以我們如能必定在我們純粹自已的經驗裏，找出些特質，才證明或可以證明我們和我們自已的經驗外，世間還有獨立存在的物。

從一種意義上說，我們必須承認我們永不能證明，我們和我們的經驗外，有他物的存在。若謂世界只有我和我的思想感情與感覺，除此以外，萬物都是空的，這個假設，沒有什麼論理上的謬誤。我們夢裏呈出一種極繁複的世界，到了醒來，却只是一場錯覺；換句話說，我們的『感覺與料』，應該有和他合節的物體，而夢中的『感覺與料』，却不如此。(若是假定有物質世界，自然可以找出夢中『感覺與料』的物質原因：譬如中夜門響，會令我們夢看從事於海軍。這個事例，雖然有『感覺與料』的物質原因，可是沒有和他合節的物體。如門響固是夢海戰的原因，但却沒有眞正的海戰同『感覺與料』相符合)。然則縱謂一生是夢，眼前一切東西，都是我們在夢中創造的，這個推測，沒有論理上的不可能。

雖然在論理上沒有什麼不可能，但却沒有理由信他爲眞；所以事實上一個較簡明的假設——爲計算人生的事實起見——當取常識的假沒，相信我們之外，還有眞實存在的東西，他們的作用，就是我們感覺的根因。

證明世間眞有物體的假定，很是容易。譬如一個猫忽在房的這邊，忽而又跑到那邊去了，自然是由一邊遷到別邊，中間經過了許多的地位。如果他只是許多的『感覺與料』，我不看的時候，永不能存在；那麼我們就要假定：我不看着他的時候，他總沒有存在，我們一看，他又在一個新地方，忽然出現了。如果我看見也好，不看見也好，猫是存在的，我們可以由我們的經驗，知道他吃了東西之後，經過若干時，怎會饑餓；若我不看着他的時候，他便不存在，他的脾胃在不存在時，也和存在時一樣的消化快，這難道不是奇譚？ 如猫只是『感覺與料』所搆成，他就不能飢餓，因爲只有我的餓，能爲我的『感覺與料』。因此可知把猫呈現於我的『感覺與料』之行爲，看他做飢餓的表現，似乎很正當，若僅看他是一片顏色的變動，就絕對不能解釋，顏色不能飢餓，正如一隻三角形不能踢足球是一個樣。

上邊舉猫爲例，已如此困難，若講到人類，其困難更非猫例所能比擬了。當別人說話時，我們聽見一種聲音，由聲音聯想到觀念，同時看見他口唇的活動，和面部的表示，我們就不能不相信所聽見的不是思想的表露，因爲我們發出同樣聲音，固知其如此的。我們夢中所見，誤認別人的存在，也是一樣。然而夢的發生，差不多由於所謂醒時的生活之暗示，如果我們假定眞有物質世界，這種生活總能以科學的原理計算出來。所以各種簡樸的原理，使我們相信那自然的意見，以爲我們和我們的『感覺與料』外，確有不靠我們看見而獨立存在的東西。

我們相信有獨立的外界，起初自然不是由於辦論所致。我們才有思想便有這種信心：我們也可以叫他做『本能的信心』。我們對於這種信心，本來沒有什麼問題，但在視覺上，一若『感覺與料』自身，被人人本能的信爲獨立的東西，然而在理論上却證出物體不能與『感覺與料』符合。這種發見，在聞覺味覺嗅覺絕無不適之處，只在觸覺上略有點講不過去，但仍不能減少我們對於無關必有東西和我們的『感覺與料』相一致的本能信心。這種信心不會陷我們於困難，反過來說却可以統整我們經驗的事實，所以好像沒有什麼好理由去反對他。因此雖夢境給我們小小的懷疑，我們却不能不承認外界眞是存在的，而且他的存在，不完全是靠我們不斷的覺着他。

使我們得到這個斷案的論證，無疑是不如我們希望的那樣健存，但總算是許多哲學論證中的一種，所以他的一般性質和功効，也值得略略討論一下。我們見得無論什麼知識，必須建在我們『本能的信心』上面，若這點也受了反對，世上更沒有立足的東西了。然而『本能的信心』之中，有强的有弱的，更有因於習慣和聯想，與他種不眞是本能而只是僞擬爲本能之一部的信心相混合的。

哲學應該說明『本能的信心』之領域，由最堅固的做出發點，把各個爬析出來，盡量去了一切無謂的附加。他也要愼重的說明『本能的信心』最終發見的形式，有調和的系統，決不衝突。若非他與別個衝突，就永沒有理由去反對他；所以只要他們都是互相調和，這個完全的系統就值得承認了。

我們所有的或若干的信心，自然可許有陷於謬誤的可能，所以我們最少也應該保持一點懷疑的心理。但是如無一種信心為根據，那就沒有理由去反對別種信心。因此我們要組織我們『本能的信心』和他的結果，先討論何者最為可能，如必要時施以改變和舍棄，再拿他作我們本能信心的唯一與料之根據，才可以得到我們知識的有次序有系統之組織，如此其中雖有錯誤的可能性，但因為各部分有連貫的關係並且於承認之前，還經過批評的攷驗，他的錯誤也就減少了。

這種功能，哲學總可以勝任愉快的。大多數的哲學家，無論正確或錯誤，都相信哲學的力量，不僅如此，並且更可以給我們關于宇宙全體，和最後實體的性質，而非他種學問可能得到的知識。姑不論這事能不能，然而我們上面說過最平常的一種功能，哲學定可以做到，而且對於懷疑常識之確否的人，必可以報答他們為哲學問題所耗費的熱心和苦工。

第三章　物質的本性

上章所論，雖然我們不能找出明顯的理由，但是總可以有理由去相信我們的『感覺與料』——比方那些算是和我們的桌子相結合的——是不靠我們和我們的知覺而存在的東西之表徵；換句話說，超出使我認識這桌子的表象之聲色堅硬等種種感覺以外，我假定還有別的東西，⊚在這種東西當中，聲色堅硬等種種感覺就是表象。 我把眼睛閉着，顏色就沒有了，把接觸桌子的手臂移去，硬覺就沒有了，不叩桌子，那末聲音也沒有了。 然而我不相信聲色堅硬等種種感覺消滅，桌子也沒有的。 反之，我相信正因爲桌子繼續存在，所以撐開眼睛，擱回手臂，再叩以指，而種種『感覺與料』，復現如舊。 我們本章所要研究的問題，就是這張不靠我的知覺而存在的眞桌子之性質是什麼?

物質科學對於這個問題的答案，實在是不很完全，其中竟有太假定的，然而無論如何，總也值得佩服。 這種科學有多少不自知的地方，竟以爲一切自然現象，應該以『動』來說明， 聲光熱都是發生於波動，這種波動由物體的流轉，而發射到人身上去，才知道是光是熱，還是聲。 有波動的東西，如不是『以太』(eitter)，便是『有積量的物質』("gross matter")，哲學家就叫他們做物質。 科學給他的特性，只有空間的位置，和依照動律的動力。科學並不是否認他可以有別種的特性；縱有這種特性，但是對於科學家也沒有什麼用處，且不能助他說明現象。

有人說『光是波動的一種法式』，這是錯了的，因為我們親見的光，以感官直接所能知，並不是波動的一種法式，不過是一種異樣的東西，這種東西，凡不是瞎子都知道的，然而我們卻沒有法子，把這種知識以言語形容給一個瞎子知道。反之，波動就不然了，因為一個瞎子，可以藉觸覺獲得空間的知識；還可以如我們一樣，由航海而經驗波動。然而此為瞎子所能知的，並不是我們的所謂光，我們的所謂光，正是瞎子永不能知，而我們也永不能形容給他知的。

照科學來說，凡不是瞎子都知道的東西，實在不會發見於外界：他是見光的人眼睛，神經，和腦子感受波浪的作用而生的一種東西。所謂光者，就是波浪，其真義是說，波浪是我們光覺的『物因』(physical cause)。但為常人所能經驗，而失明者則否的光，科學並沒有假定他是構成世界的若干部，且能不靠我們和我們的官覺而獨立的東西。至於其他別種感覺，也都可以拿這個理論去旁證他。

科學界的物質不特沒有聲色等，就是我們由視觸得他的空間，也是沒有的。 科學上極關重要的，就是他的物質，應該占着空間，但他所在的空間，決不能和我們能見能覺的符合。 申言之，我們看見的空間，與我們由觸覺所得的空間，不是一樣的；我們惟有藉幼時的經驗，才知道怎樣去撫摩所見的東西，或怎樣看見我們覺得接觸着我們的東西。 但是科學上的空間，位於觸視之間；所以既不是觸覺的空間，也不是視覺的空間。

各人由各種不同的觀察點，看同樣的東西，見着不同的形相。 譬如一個圓的錢，又無人不是斷定他是圓的，然而除了我們在他面上直線的看他之外，看來就像一種橢圓形了。當我們說他是圓形的時候，我們就斷定他有一個『眞相』，這個『眞相』不是他的『表觀』，不過本質的屬於他而脫離他的顯象。 科學所論的這個『眞相』，必定在一個『眞的空間』，但却不是與任何人之『外表的空間』一樣。 『眞的空間』是不偏不黨大公無私的，『外表的空間』是隨各人的知覺而私有的。 所以『眞的空間』——其中他有他的『眞相』——

必定隨『私有空間』生種種差別相。於是乎科學的空間，雖與我們覺着的空間相聯貫，却不是與他相符合的，而他的貫聯之狀態，也須得研究一下。

我們暫且承認物體不能與我們的『感覺與料』十分相類，但可以算是使我們感覺的原因。這是物體都是在科學的空間，這種空間，我們可以叫做『物的空間』(physical Space)。如果我們的聽覺，原於物體，那就必有『物的空間』，包去含着些物體和我們的感官，神經，腦子，這是極要注意的。當我們與物體相接觸，換言之，當我們身體的某部，在物的空間佔據着一個地位，與物所占的十分接近，那末，才生觸覺。在『物的空間』，當我們的眼睛與物體的距離之中，沒有不透明的物體爲之阻隔（粗淺來說），我們就看見物體。同是一樣，當我們與物體充分的接近，或他觸着我的舌頭，或在『物的空間』與我們的身體有相當的關係，才發生聽味嗅諸種感覺。我們由物體得到如何的感覺，總取决於物體與我們身體相關的位置，所以我們若不承認物體與我們的身體同在一個『物的空間』，便無從說明我們在不同的情況之下，由一個指定的物體，得到如何不同的感覺。

我們的『感覺與料』，是站在我們『私有空間』，所謂『弘有空間』，如不是視覺的空間，便是觸覺的空間，及別的感官給我們諸如此類暗昧的空間。倘若像科學待常和的假設，世間有爲物體存在的一個包涵萬彙，大公無私之『物的空間』，那物體『在的空間』之相對位置，總與我們私的空間中之『感覺與料』的相對位置，有多少的符合。這事的推測，並沒有什麼困難。譬如我們在道上看見兩間離我們一遠一近的屋子，我們別的感官，當卽知道那一間是較近，因爲到較近的屋子，用較短的時間。別人也必不否認那看見較近的屋子，不當眞是較近；就是軍用的地圖，也持同一的見解；所以從各方面都可以證明屋子間空間關係，與我們看着屋子而發見的『感覺與料』間之關係相符合。於是乎我們可以假定世間有一個『物的空間』，物體在裏頭有空間關係，與我們『私有空間』中的相對待之『感覺與料』所有的符合。幾何學上所研究，物理學天文學中所假定的，就是這種『物的空間』。

假定『物的空間』是有的，而又與『私有空間』相符合，然則我們能認識他的是什麼？

我們能認識的不過是想獲得那符合所需要的東西罷了。換言之，我們絕對不能認識他的本性究竟如何，然而我們可以認識物體由空間關係的結果之排列的樣子是如何。我們在自已視覺的空間，能認識一根直線的外形，却不能認識一根物的直線之本性究竟如何；日蝕的時候，我們只能認識地球，月亮，太陽存在一根直線上，便是好例。所以我們對於物空的距離關係之認識，多過距離的本身；我們可以認識這個距離遠過那個，或這根直線在那根之上，但却不能與物距直接認識，因爲我們與距離或聲色與乎其他種種『感覺與料』的認識，只在『私有空間』。凡關於物空的一切東西，生而盲者，可以籍他人對於視覺空間的摹述而認識的，我們都可以認識；但生而盲在關於視覺空間永不能認識的那種東西，我們對於物空的，也不能認識。故此要用來同『感覺與料』保存其符合性關係之特性，是我們所能認識的，至於關係成立間的條件之性質，就非我們所能認識了。

論到時間，我們『久』(duration)的，或時間渡過的感覺，絕對不能做計時的標準。同此時間，因忖度的不同，而久暫有異，譬如病榻呻吟，無所事事有度日如年之概，及至春日閒遊、心曠神怡，一日光陰，不覺易暮，若夫沉然酣睡，就幾乎不知時間的存在了。時間既由『久』而成，所以必要如在空間一樣，分別公私。但是時間既包含在先後的次序中，我們又知事情似有的『時序』(time-order)、與他眞有的『時序』是一樣，這又不必有此種分別的需要了。無論如何我們決無理由說這兩種次序不是一樣的。這種道理，在空間亦然：譬如一營軍隊在道上進行着，儘由不同的觀點，看見有不同的形相，但兵士排列的次序，無論從什麼觀點去看，都是一樣。所以我們以爲次序在『物的空間』，同樣是眞的，至於形相既要以保存次序，所以只能算是物空的符合罷了。

上邊說過，事情似有的『時序』，與他眞有的『時序』是一樣，我們必不要誤會以爲不同的物體的各種情狀，與構成這些物體的知覺之『感覺與料』的有同類的『時序』。以物體來說，雷電本是同時的，換言之，電的發生，與空氣的搔動，在有電的地方的搔動之發生，是同時的。但是我們叫做聽着雷聲的『感覺與料』，必等到空氣搔動，傳到我們所在的地方，才能發生。太陽的光線，到我們身上來，要八分鐘的時間；所以當我們看見太陽，實在是看見八分鐘以前的太陽。我們的『感覺與料』既對於物的太陽供給左證，他也必對於八分鐘以前物的大陽供給左證；如果物的太陽在前八分鐘內消滅了，其對於我們叫做『看見太陽』的『感覺與料』，不生差異。這是必要把『感覺與料』和『物體』分別清楚的一個新顯證。

我們對於空間所已知道的，與關於『感覺與料』同物的副本相符合的發見，很是一樣。譬如一個東西看來是藍，一個看來是紅，我們很可以假定在這些物體之間，有符合的差異；如果兩個東西看來都是藍的，我們又可以假定其中有符合的類似。然而我們却不能直接認識使物體看來藍或紅的性質。科學告訴我們說，這種性質，是某種的波動，這話似有道理，因爲我們想念到在空間看見的波動。但是波動必要確在我們不能直接認識的物空之內；所以波動究竟非我們所推測他的那樣有理。這種對於顏色所持的道理，可以施諸別種『感覺與料』而無礙。那麼，我們就知道雖然物體的相對屬性，由他們與『感覺與料』的相對屬性符合，得有各種可知的知識，然而物體本身的內性，蓋感官之所能及，仍然不能知到。

所以最後的問題祇是：我們有沒有別的找尋物體內性的方法？

我們對於視官的『感覺與料』，無論如何劈頭第一着，最自然，雖然不是究竟最能立，所容納的假設，就是根據上述的理由，物體雖不能與『感覺與料』絕對相似，然而總可以有多少的類似。如果這個觀察不錯，物體就眞有顏色，而我們也許僥幸看見東西的眞顏色了。一個東西在任何時候似有的顏色，由各種不同的觀點看去，雖不能十分同樣，但總是極其相似；於是乎我們可以假定『眞』的顏色，是立在不同的觀點而顯出各樣色彩間的一種媒介顏色。

這種理論或者不能直指他是假的，但總可以證明他沒有根據。今請論之，我們所見的顏色，自然是只靠光波接觸眼睛的性質，所以介乎物體與我們中間的物，或光線由物體向着眼睛的反射之態度如何，都可以把顏色改變了的。汚濁的空氣，亦有改變顏色的能力，至於强力的反射，那更不消說了。可見我們所見的色，是光線進到我們眼睛的一種結果、不僅是光所從來的東西之一種特性。所以不論波所從發的東西，有沒有顏色，設使某種波動接觸眼睛、我們就看見某種顏色。如此說來、下面假定物體爲有顏色，太沒理由了，故這種假設，更無成立的價值。這同樣的理論，可以適用到別的『感覺與料』上去。

我們最後所要問的，就是此外還沒有他種哲學理論，使我們可以說，如果物質是眞的，他必定是某某種的性質。照上面所解釋，有許多哲學家、或者是大多數，主張凡是眞的東西，從若干意義來說，必定是『心的』(mental)，或無論如何，凡我們所能知的物，從若干意義來說，必定是心的。這派哲學家，叫做『觀念論者』(Idealists)。他們告訴我們說，凡顯現爲物的，其實都是心的東西；譬如萊伯尼以爲物是多少『根心』構成的，巴克雷則以爲是『心中的觀念』，他們所謂『根心』或『心中的觀念』，就是我們平常叫做知覺物質的『覺』(perceive)。所以這派學者雖不否認我們的『感覺與料』是東西離我們『私有感覺』而獨立的符徵、却否認物質的存在，以爲是內性上和心不同的東西。觀念論者立說的理由，據我個人的意見來說，是謬誤的；但在下章、且把他研究一下。

第四章　觀念論

哲學家用『觀念論』(Idealism)一名，意義各有些少不同。總而言之，這種學說都以爲凡存在的東西，或能知爲存在的東西，在若干意義上，必定是心的東西。這種爲許多哲學家所主張的學說，有好幾種法式，所以立說的根據，亦各有不同。他既如此盛行，本身又甚有興味，所以如今縱然對於哲學，略事探討，也當粗舉梗概。

凡不慣事哲學思索的人，見了這種顯然荒謬的學說，也許屏斥他。因爲照常識來講，以爲桌子、椅子；太陽，月亮，和種種物體，根本上與心和心的內容不同，縱然一切心都沒有了，而這些東西，依然存在。我們以爲物質先心而存，所以一但見人說物質是精神活動的結果，就很難相信了。現在姑且不論觀念論的眞僞，但他果能以荒謬絕倫，就屏棄了去嗎？

我們已經知道，『物體縱然有獨立的存在，也必與『感覺與料』極不一致，而且只能與『感覺與料』相符合，彷彿樣本和他備售的東西相符合一樣。這麼一來，常識對於物體的眞內性，豈不是使我們毫無所知嗎？所以觀念論說物是心造的，如果理由充足，我們就決不能僅因爲他荒謬絕倫，便自自然然地駁斥他。物體的眞理，必是新奇的不經的，或者竟非人智所能及，但沒有哲學之士，相信他已『闡微發玄』，那他貢獻以爲眞理的事實。雖是『光怪陸離』，決不應該藉此爲反對他那種意見的根據。

觀念論立說的根據，差不多是取自知識論，換言之，乃由欲使我們可以認識物質，先從事物必定如此的條件之討論而來。巴克萊是從這種根據，企圖建立觀念論的第一個。他首先證明以爲決不能假定我們的『感覺與料』，可以離我們而存在，如果除了視聽聞嗅諸種感覺，世間更無所謂『與料』，所以這些與料，總有一部分是『在』心裏的。縱使他的論證有些靠不住，然而這種立論，却差不多是『壁壘森嚴』。他並且證論僅有『感覺與料』，是知斷確知爲存在的東西，而凡爲人認識的，就『在』心裏的，所以同時是精神的。那末，他斷定除了在心裏的東西之外，決不能更有爲人認識的東西，而凡爲人認識的，若不在我的心裏，必在他人的心裏。

想了解他的理論，必要了解他用『觀念』(idea)一名的意義。凡直接認識的東西，如『感覺與料』的認識，他都做叫『觀念』。所以我們看見一種顏色，就是一個觀念。由此類推，聽聞一種聲音，也是一個觀念。然而這個名辭，却不完全限於『感覺與料』。凡種種直接與料，如記憶着或想像出的東西，因爲我們在記憶或想像的『刹那』，有直接的認識，他都叫做『觀念』。

他於是進而論普通的東西，譬如以樹爲例。他證明樹是由他說的那種觀念構成的，當我們『覺』得他時，我們直接認識的，就是這些觀念，他並且以爲除了覺得樹的那些觀念外，絕對沒有根據可以假定樹有一點眞實的東西。他說『有』(being)是涵於『覺』(bing perceiv(d))之中：亦卽學者的拉丁文(Latin)所謂『有』等於『覺』(識)(“esse is percipi”)。他盡量承認以爲縱然我們把眼睛閉着，或沒有人類接近他，而樹必定依然存在。但他說這種存在，乃由『神』繼續覺着他的事實所致，那與我們叫做物體相符合的『眞』樹，是『神』心裏的觀念所構成，這種觀念與我們看見樹所有的大概相類，所不同的只在於這樹一天存在，那『神』心裏的觀念，也就一天存在罷了。依照他說，我們一切的知覺，有一部分是參預『神』的知覺、並且因爲這種參預，所以各人所見的樹，總有多少的類似。那末心離開心和心的觀念，世上便空無所有，或者也不能有被認識的東西，因爲凡能爲人認識的東西，必定是一個觀念。

這種理論，有許多的謬誤，在哲學史上、極爲重要，如今最好把他解釋了出來。第一，因爲『觀念』一名的運用，就發生一種混淆。照我們的存思，一個觀念必定『在』某人心裏的某種東西，所以當他人告訴我們說一棵樹完全是觀念構成的，自然以爲依這種說法，那棵樹必定完全在心裏了。然而那『在』心裏的總念，却是兩可之辭。譬如我們說把一個人記在心裏，並不以爲那個人是在我們心裏，不過對於他的一種想念是在我們的心裏罷了。又譬如一個人說，他從前所要辦的事情，經已不擱在心中了，他的意思並沒有包涵那事情的本身，曾經在過他的心中，不過僅僅那事情的概念，當時在他的心中。後來停止了罷。所以當巴克萊說，如我們能知的樹，一定在我們心裏，他總可以有權利說，那樹的概念，必定在我們的心裏。今持論以爲那樹的本身必定在我們心裏，是無異於持論以爲我們所記念的人，現在我們心裏。若有資格的哲學家，眞是犯了這種混淆，似乎太大了，然而各種係屬的遭遇，致令他成爲可能。要知道他怎樣成爲可能，我們就不得不向觀念的性質，深深地考索一下。

在考索觀念性質的總題之前，我們必要詳解析由『感覺與料』和『物體』所發生的兩個完全相連繫的問題。我們見得有種種詳細的理由，巴克雷以爲構成我們對於樹的知覺之『感覺與料』，多少總是主觀的、其意以爲『感覺與料』靠我們之外，還要靠那棵樹，如果那棵樹不爲人所覺得，所謂『感覺與料』，簡直是『龜毛兔角』，從何而有？這是對的。然而若照此說，與巴克雷要推證的，所謂凡可以直接認識的東西，必定在一個心裏，竟『背道而馳』了。因此之故、那討論『感覺與料』靠我們而存在的辨證，雖言成千萬，都同廢話。所要證明的，大概是凡爲人所認識的物，都可以證明是心的東西。這是巴克雷相信自己所要做的工夫了。然則我們現在必要研究的，不於前一個分別『感覺與料』和『物體』的問題，却就是這個問題。

就巴克雷對於『觀念』一名的意義來說，無論何時，當一個觀念呈在心前，有兩件很分明的東西，一方面是我們所確知的東西，如桌子的顏色之類，他方面是那確知的本身，就是了解東西的精神作用，須要商確。 精神作用無疑是心的，然而假定為人所了解的東西，有沒有理由從任何意義上說他是心的呢？ 我們上邊對於顏色的討論，沒有證出他是心的，不過僅證出他的存在，靠我們的感官與物體——如我們桌子的舉例——的關係罷了。 易言之，他證出在某種光線中，如果一個常態的人，站在與桌子對待的某點，就有某種顏色存在。他並不證明顏色是存在看者的心裏。

巴克雷以為那顏色顯然必定在心裏的意見，把為人了解的東西，和了解的作用混為一談，他的假裝，恐怕就靠這一點。 這兩者都可以叫做『觀念』，或者巴克雷竟叫兩者都是念。 作用自然是在心裏的，所以當我們想起一種作用，立刻便會承認觀念必在心裏的意見。 當觀念算是了解作用的時候，這種理論，可以不發生謬誤，今且把他按下不提，由『觀念都在心裏』的問題，遷到別種意義的觀念，就是藉了解作用而了解的東西上來。 我們因為不自覺得犯了歧義的毛病，所以得到的斷案，以為凡我們所了解的，必定在我們的心裏。這似乎是巴克雷的論證之真分析、和他最後的謬誤所隱藏的地方。

我們在了解事物上，其作用，其對象，很有分別，我們獲得知識的整個能力，既包括於此，所以這個問題，非常重要。 認識異乎他自己的物之能力，就是心的最大特性。 然而與物體認識，實質上必是心與異乎心的東西間的一種關係；這一點就是心的認識能力所由成。 如果我們說凡屬為人所認識的東西，必然在心裏，這話若不是太限制着心的認識能力，便僅僅是『複辭』罷了。 譬如我們以為『在心裏』與『呈現心裏』，意思沒有什麼分別，那豈不是僅僅說句『複辭』了嗎？ 所以如果我們以為了解只靠心而不必有物，我們就要承認——在這個意思——凡在心裏的東西，也就可以不必是精神的了。 所以我們一但了解知識的性質，就知道巴克雷的立說，不特實質上似乎錯誤、就是形式上也是不對而他假設做根據的『觀念』——就是為人了解的對象，以為必定是精神的，我們已見得無論如何不是『壁壘森嚴』的了。 那麼，他主張觀念論的根據，可以屏了棄我們最後所要看的，只是此外還有沒有別的根據？

凡我們不認識的東西，便不能知道他的存在，這雖是一個自明的眞理，也是人人常說的。由此推論，凡與我們經驗有任何關係的東西，至少必定爲我們所能認識；所以如果凡必非我們所能認識的東西，自然是我們不能知道他存在的東西，而這些東西對於我們無論如何也必無甚重要。此外還且包涵一種理論，其理由仍是不詳，以爲凡與我們無關重要的東西，不能是眞的，所以如果物質不是由心或心的觀念構成，決不可能，並且祇是一僅幻想罷了。

我們在如今的地位，要深論這種道理，是不可能的，因爲他引起種種論點，要許多先決的議論，才能夠說明；但是反駁這個立論的若干理由，現在就可以討論一下。我們且從末了論起：所謂凡與我們無若何實際上重要的東西，應該不是眞的，我們決沒有理由，說出爲什麼如此來。無極理論上的重要，包括在內，總可以說，凡眞的東西必與我們有些重要，因爲人類有求知宇宙眞理的慾望，我們對於宇宙所包涵的東西，都有些興味。縱使這種興味、包括在內，但與上邊說過的，假使物質存在，我甚至不能知道他存在，對於我們沒有重要的理論，不能相提並論。我們很可以疑惑物質的存在或不存在，那麼，他和我們求知的希望相貫聯，並且有滿足或阻礙這種希望的重要。

還有，這種理論，以爲凡我們不認識的東西，便不能認識他的存在，決不是自明的眞理，反正實在是假的。這裏用『認識』(know)一辭，有兩種意義。(一)第一種意義，可以應用到同謬說相反的那種知識，以爲凡我們認識的，都是眞的，如信仰及決定之類，也就是我們的所謂『判斷』，從本字的這種意義來說，我們知道有些東西，是適於此例的。這種知識，可以說是眞理的知識。(二)第二種意義，可以應用到事物的知識上去，這種我們可以叫做『親知』。我們認識『感覺與料』，就是從這種意思。(此處的分別，可以拿法文 Savoir (知) 和 Condaitre (認) 或德文 Wisslm (知) 和 Kennen (認) 間的意義，粗明梗概)。

因此那像是的自明眞理，再說出來，就是這樣：『凡我們不親知他存在的東西，我們永不能確知他』。這不特不是自明眞理，簡直是顯然的謬誤了。我雖不認識俄國的皇帝，但我確知他是存在的。別人固可以說，我所以知他存在的，因爲有旁的人認識他。然而這不過僅僅是一種無聊的遁辭，因爲若是這種原理是眞的，我便不能知道有他人同他認識。此外也沒有理由，爲什麼凡爲他人所不認識的東西，我也不知他的存在？這點極其重要，所以須要解釋。

假如我與一種存在的東西認識，這認識便給我以他存在的知識。但換位來說，無論何時我能知道某種東西存在，我或別人必定與這種東西認識、就不見得是眞的了。譬如我由摹述認識的一種東西，我同他不是親知，不過由眞確的判斷而知，然而靠若干的一般原理，由我認識存在的東西，推到別的東西之存在，可以與這個摹述相符合。想深明這一點，最好是先研究『親知』(Knowledge by acquintance) 和『述知』(Knowledge by description) 的分別，然後再討論有如何的一般原理之知識，與我們自已的經驗之存在的知識那樣確實。這些問題，要在以下數章，提出來研究。

第五章 『親知』和『述知』

據上章所論，我們已知道有兩種知識：一種是事物的知識，一種是眞理的知識。 本章專論前一種知識，這種智識復要分成兩類：第一類我們叫做『親知』(Knowledge by acquaintance)，本質的來講，『親知』比眞理的知識較爲淺顯，邏輯的來講，『親知』也不憑依眞理的知識而存在，不過我們既假定人類與事物親識，同時却又說不曉得事物的眞理，未免太鹵莽一點罷！第二類我們叫做『述知』(Knowledge by description)，『述知』常與眞理的知識之本源和根據，有密切之關係，所以討論下去，就牽動起這許多的問題。 然而無論如何，劈頭第一着，却先要說明我們所謂『親』是什麼意思，所謂『述』又是什麼意思。

不靠什麼推理作用，不憑什麼眞理知識，單單仗自已的感官，直接認識一種東西，就是我們所謂『親』， 譬如我立在桌子之旁，便與那組成桌子表相的色彩堅滑種種『感覺與料』親識；換言之，當我看見接觸着我的桌子，便直接覺得這如許的東西了。 至論顏色的特殊色彩，意思就不能一致，我也許說他是棕的，也許說略近於黑，然而這種種說法，雖使我認識眞理於[3]顏色，却不能教我認識顏色，比從前所認的好：因爲就顏色的知識本身而論，與關於他的眞理之知識，完全是兩件事，我看見他，便一目了然，此外關於他的知識，卽理論上的可能也沒有。 所以那組成桌子表相的『感覺與料』，就是我所親識的東西，這些東西並且照他的本來面目一樣，直接爲我所認識。

反之，拿桌子當做一種『物體』來講，我對於他的知識，就不是直接的了。 這種知識，經過那組成桌子表相的『感覺與料』之親識，才獲得來。 我們在上邊已經知道，懷疑桌子的存在，是可能的，無背謬的，但『感覺與料』却不可以懷疑。 我關於桌子的這類知識就是本篇的所謂『述知』。 一張桌子是『引起這樣那樣的『感覺與料』之物體』。 這是藉『感覺與料』來摹述[4]一張桌子。 所以我們要認識關於桌子的一切東西，必要知道我們親識而又與他貫聯的東西之眞理：更要知道『這樣那樣的「感覺與料」是有一種物體，做他的原因』無論心的那種能力，都不能直接知道那張桌子；然則我們對於桌子的一切已的感覺，『察言觀色』，爲之認識，就是藉在我們之中，而又與他們身體相聯的『感覺與料』，來認識他。但是因爲我們與自已的心之內容親識，該不能想像別人的心，所以我們永永不能得到他人有心的知識。假定『自識』是人類與動物分判的一件事，似乎是不能免的：因爲我們可以推測他們雖和『感覺與料』親識，但決不會自知這種親識，於是乎永永不知他們自己的存在。我的意思並不是說他們懷疑自已有沒有存在，不過說他們永不覺得他自已有感覺和情感的事實，所以也就不知爲感覺與感情主體之他們存在的事實罷了。

我們剛纔說與我們心的內容親識，是爲『自識』，但這自然不是識。我們的『自已』(Self)，不過是識特殊的思想和感情罷了。我們是否也認識那與特殊思想和感情相對的純粹之自已，是一個極困難的問題，若貿貿然加以肯定，就未免太鹵莽了。當我們內省的時候，常常似乎知道若干特殊的思想和感情，並不是知道有思想有感情的『我』(一)。然而我們若以爲自已與『我』親識，並不是沒有理由，不過這種親識，與別的東西，很難辨別罷了。要說明有怎麽樣的理由，請知識，其實就是眞理的知識，嚴格的說，那眞正東西的桌子，究竟非我們所能知。雖然那東西的本身，非我們眞接所能知，但我們知道一種摹述，知道世間僅有一種東西，同這種摹述相合。在這樣事情上，我們關於那東西的知識，就是我們的所謂『述知』。

我們一切事物的和眞理的知識，都以『親』爲基礎。所以研究我們親識的東西，看有什麼樣的類，是『當今之急務』。

我們早已經知道『感覺與料』是我們親識的東西中之幾件；他們誠然供給『親知』以最顯著最動人的例證，但是如果他們就是獨一無二的例證，我們的知識本有發展之餘地，如今就束縛住了。推開來說，我們就只認識如今呈現於我們感官的東西：我們就不能認識過去的東西——極其量也不知世間有所謂過去——更何能認識『感覺與料』的眞理？因爲一切眞理的知識，我們在後面證明，要和那與『感覺與料』性質上極不相同的東西親識，這些東西有時叫做『抽象的觀念』“abstsactideas” 但這些『抽象的觀念』我們以後叫做『共相』“Universals”。所以如果我們要獲得我們知識的適當之分析，便要除『感覺與料』之外，還須研究研究與別的東西之親識。

『感覺與料』以外首先要研究的，就是『記憶的親識』。(acquaintance by memory)我們常常記憶着見過聽過或別樣呈於我們感官的東西，在這事上，姑無論那事實顯出是過去的，我們常能立刻知道所記憶着的東西，這是人人都曉得的。這種由記憶而來的直接知識，是我們關於過去的一切知識之本源：如沒有他，就沒有由推理而得的關於過去之知識 因爲我們永不知有過去的東西，更何從而推論？

其次要研究的，是『內省的親識』。(acquaintance by introspection)我們不獨知道東西，並且常常知道自已知道東西。我看見太陽，我常知道我的看見太陽；所以『我的看見太陽』，就是我親識的一個對象。我想得食物，我可以知道我對於食物的想望；所以『我對於食物的想望』也就是我親識的一個對象。照這個道理，我們同樣的可以知道我們快樂或苦痛的情感，以及在我們心裏發生的種種事情。這種親識，可以叫做『自識』(Self consciousness)，『自識』實是我們精神事件的一切知識之本源。凡可能由這樣直接認識的，自然僅有在自已心裏的事情。至於他人心裏的東西，我們可以藉自抽出片刻，先研究我們的親識與特殊思想究竟怎麽樣盤結着？

當我與『我的看見太陽』親識，我們很容易看見我親識兩件聯鎖的不同之東西。一方面有把太陽呈現於我的『感覺與料』，別方面又有看見這個『感覺與料』的東西。所有的親識，譬如我與那代表太陽的感覺與料的親識，分明是親識的人與爲人所親識的物，發生一種交互關係。沒有一件親識的事情，我是所親識者（如我親識我與那代表太陽的『感覺與料』的親識），那自然明白，這所親識的人就是我自己。所以當我與我的看見太陽親識，那我所親識的整個事實、就是『自已親識同「感覺與料」和合』。

進一步說，我們知道『我與這個「感覺與料」親識』的眞理。但我們怎樣能知道這個眞理，或甚至了解他有什麼意义，那就很難解答，除非我們與某種東西，我們叫做『我』的親識。假定我們親識一個多少常住，今日無異於昨日的人，似乎是不必要的；但那看見太陽和與『感覺與料』親識的東西，無論他的性質如何，似乎是必要親識的。所以從幾方面來說，我們似乎必要與我們特殊經驗相反的『我』相親識。然而這個問題，卻是煩難的很，並且兩方面都可以引證出許多複雜的理論。　所以親識自己，雖或做到，但不能決定必然做得到。

我們以上關於與存在的東西親識的討論，因此可以綜括如下。　在感覺上，我們與外面感官的與料親識，在內省上，就與那可叫做裏面感官的與料——思想，感情，慾望，等等——親識；至在記憶上，又與那些爲外面感官或裏面感官的與料親識。　最後我們雖然不是定之，或者竟與『自己』親識　如那預知事物，或對於事物的慾望等。

我們與特殊的存在東西親識外，還有與我們叫做『共相』——就是一般觀念，如『白』『駁雜』『同胞』之類——親識。　每句意義完全的句子，最少也有一個字是代表共相的，從來一切的動詞，都有一個意義，這個意義就是共相。　共相的討論，且留待第九章，現在只要愼防那以爲凡我們能親識的東西，必定是殊相 (particulars)和存在的東西之假設，這就夠了。　凡共相的領會，叫做『明曉』(conceiving)，一個共相的審知，名爲『概念』(concept)

我們親識的東西之中，既沒包含『物體』(與『感覺與料』相對待)，也沒概括別人的心。這些爲我們所知的東西，就是我的所謂『述知』，現在且要把他研究一下子。

我所謂一種『摹述』，意思就是有這種法式：『一個某某』，或『這個某某』的任何節句。這種法式的節句，如『一個某某』，我叫他做『兩可』的摹述，『這個某某』（單數），我叫做『一定』的摹述。由此來說，『一個人』是『兩可』的摹述，『戴假面具的那個人』，是『一定』的摹述。有許多問題，都與『兩可』的摹述相聯繫，現在且存而不論，因爲這些問題與我們現今討論的事情，沒有直接關係，我們如今討論的是關於東西的知識之性質，雖則我們不與這種東西親識，但却知道有一種東西與一種一定的摹述相合。這件事是只關於『一定』摹述的。所以以後僅說『摹述』，我的意思就指『確定摹述』而說。即末，一種摹述，意思就是有這種法式『這個某某』而在單數的任何節句。

以後如說一件東西是『由摹述而認識的』，我們便知他是『這個某某』，換言之，我們知道只有一件東西，有謀種的特性；並且他也包含一種意思以爲我們對於同樣的東西，沒有由親識得來的知識。我們知道戴假面具的人生存過，還且知道他的許多特性；但却不認識他是誰。我們知道候選者得最多數票便能中選，在這個例，我們似乎知道（僅就一個人對於自己而外，更能認識別人的意見來說）那個人是誰，其實就是將來得最多數票的候選者；但我們却不知那個候選者是他，換言之，我們不知道這個法式的任何命題『A是那將來得最多數票的候選者』，這個A是候選者的一個人之名字。我們說，我們有那某某的『單純摹述的知識』，雖然，我們知道那某某是存在的，和或者親識那個東西，實在是那個某某，我們仍不能知道任何命題『a是那個某某』，這個a是我們所親認的東西。

當我們說『那某某是存在的』，意思是只有一個東西，他是那個某某。『a是那某某』的命題，意思是a有某某的特性，此外更無他物有。『A君是這回選舉的那個統一黨的候選者』，意思是『A君是這回選舉的一個統一黨候選者，此外沒有別人是』。『這回選舉的那個統一黨候選者存在』，意思是『有某人是這回選舉的一個統一黨候選者，此外沒有別人是』。所以當我們親識一件東西，他是某某，我們知道那某某存在；縱使我們不親識任何東西或是某某，和甚至不親識任何東西實是某某，但我們也許知道那某某存在。

普通的詞，甚至固有的名字，平常都是眞的摹述。易言之，一個人心裏的思想，用一個固有名字，是很適當的，如果我們把一種摹述，替代了那固有名字，大概就只能表達的白罷了。還有那用以表達思想的摹述，隨各人而有差異，就是一個人在不同的時候所用的，也不一致。那唯一常住的東西（如果那個名用得不錯就行了）就是那名應用上去的那個東西。但這個一日是常住，那牽動出來的特殊摹述，平常對於那個名所從而表見的命題之眞假，不能有什麼不同。

我們試舉幾個例子來做證明。譬如假設對於俾斯麥（Bismarck）的陳述。假定世間有直接親識自己的一種東西，俾斯麥自己也許用他的名字，直接標誌他所親識的特殊之人。在這個例，如果他對於自己有所判斷，他自己也許是判斷的一種成分。那固有的名字，在此處只代表一種東西，而不是代表東西的摹述，所以有直接的用處，如他應有的一樣。但是如果一個認識俾斯麥的人，來判斷他，這個例子就不一樣了。這個人所親識的，是某種『感覺與料』，他就由這種『感覺與料』而認識俾斯麥（我們假定這是對的）。他的身體，而尤以他的心，是一種物體，也只能爲人知道是身和心，與這些『感覺與料』相聯貫。換言之，他們由摹述而爲人所認識。一個人的外表，不是固定的，但當他的朋友想念他時，便把他的外表，形諸心中，所以那眞在朋友心中的摹述，不過是偶然的罷了。那最重要的論點，還是在他雖不與現在所講的實體親識，卻知道各種的摹述，都可以施諸同一的實體。

譬如我們不認識俾斯麥而判斷俾斯麥，我們心裏的摹述，或者總是一堆不大可靠的歷史知識，——毅和他符合的遠甚。但是爲說明計，假定我們以爲他是『德意志帝國的第一個宰相』。這裏除了『德意志』一字外，都是抽象的。至『德意志』一字。各人亦有各人的見解。說起德國來，有人想到德國的舊游，有人聯想到地圖中的德國形勢。但我們想獲得一種適用的摹述，就不得不據我們所認識的『殊相』，從事參攷。這種參攷，又必引起過去的，現在的，將來的（與確定的時期相返，或這裏那裏的一切陳述，和別人告訴我們的一切東西。所以一種可以應用在一個『殊相』的摹述，無論從那一方面，如果我們關於所摹述的東西之知識，不僅僅是由摹述而得有邏輯的貫聯便了，總像必要參攷我們親識的一種殊相。譬如『那最長命的人』是一種引起僅僅共相的摹述，必可以應用諸某人，但這個人怎麼樣，是出乎摹述所給我們的知識以外，那就無從而加以判斷。然而我們若說『德意志帝國的第一個宰相是一個滑頭的外交家』，我們也只能徵諸親識的東西，如耳聞目覩的證據，知道我們判斷的正確。除了我們給別人的消息，除了關於眞俾斯麥的事實——這件對於我們的判斷，極其重要——我們實實在在具有的思想，包涵多少纏繞着的殊相，否則完全包涵概念。

一切地名，如倫敦，英國，歐洲，地球，日局，用起來，同樣的引起由我們所親識的幾個殊相為出發點的摹述。我想就是玄學所討論的宇宙，也引起與『殊相』的這種關係。另一方面，邏輯上不特僅僅涉及存在的東西，就凡可以或能夠存在的，都有所涉及，所以不須眞正殊相的參證。

當我們陳述若干只由摹述而認識的東西，似乎常常意在不要使我們的陳述，在法式上牽動那種摹述，惟在乎說明所摹述的眞東西。換言之，我們對於俾斯麥有所摹述，我們就想——如果可能——下那個判斷，惟有俾斯麥個人能下，就是他自己是這個判斷的一種成分。然而這事可決其無效，因爲那眞正的俾斯麥出乎我們可知之外。　但是我們知道有一個東西俾叫做俾斯麥，而俾是一個猾頭的外交家。　那末，我們可以從自己的主張，摹述這個命題說『俾是一個猾頭的外交家』，此處俾是一個東西，這個東西就是俾斯麥。　如果我們摹述俾斯麥這樣說『德意志帝國的第一個宰相』，那麼我們想判斷的命題，可以這樣說出來『這命題所討論的是那眞正的東西，那東西是德意志帝國的第一宰相，其斷案是：那個東西是一個猾頭的外交家』。　無論我們所用的摹述不是一樣，凡能使我們表同情的，就是我們知道關於眞正的俾斯麥，終歸有一個眞正的命題，所以無論怎樣變更那種摹述（只要那種摹述不錯），那摹述的命題，仍是一樣。　這個爲人所摹述而認爲眞實的命題，就是使我們最有興味的東西；然而我們雖則知道他是眞的，但卻未嘗與這個命題本身親識，所以也就不認識他。

我們看見由『親識』與『殊相』的移換，有各種段落：有爲人認識的俾斯麥，有由歷史而知道的俾斯麥、有人知道他是戴假面具的人，有人知道他是人類中最長命的人。這些是一步一步的由親識而移到殊相；第一個，其近於親識，正如我人對于別人一樣；第二個，我們仍可以說知道『誰是俾斯麥』，第三個，我們不知戴假面具的人究竟是誰，雖然我們可以知道許多關於他的命題，但不能從這種事實，邏輯的演繹出他是戴鐵面具的人；最後第四個，除了由人的定義，邏輯的演繹出來的那些外，就毫無所知了。在共相的領域，也有同樣的界限。有許多共相，像許多殊相一樣，只由摹述而為人所認識。但在這裏，所謂由摹述而認識的知識，正如殊相的例子一樣，最後總是歸結由親識而獲得的知識上去。

分析那包含摹述的命題之根本原理，就是：**凡我們可以了解的各個問題，必定由我們親識的成分所完全構成。**

我們在這裏，不想對於這個根本原理所引起的駁論，一一解答。現在我們只要指出，如不在這方面，便在那方面，總可以應付這些駁論就夠了，因為我們下一個判斷，或採用一種假設，若不曉得判斷或假設的是什麼，那是幾乎不可存想的。拿說話來講，如果我們要說的明瞭，不要僅僅發出一種聲音，那就要對於所用的字，必定附加若干意義；至於我們附加到字上的意義，又必要爲我們所親識的東西。譬如我們縱論凱撒(Julius Caesar)因爲我沒有同他親識，他的本身自然不會呈現在我的心裏。我們心裏有些對於他的摹述，就是『那三月十五日被謀殺了的人』，『羅馬帝國的創造者』，或者僅是『那個人，他的名字叫做凱撒(在最後的摹述凱撒是一種聲音或形相，這些是我們所親知的)。凱撒，那末這種陳述的意義，很不同他像有的意義相合，其意義是牽涉關于凱撒的若干摹述——替代他的本身——這些摹述是由我們所親識的殊相和共相所完全搆成的。

『述知』最要緊的焦點，在乎他能使我們不爲私的經驗畛域所束縛，所以除了只能認識那由我們在親識中經驗過的名辭所完全組成的眞理外，我們還可以得到未經經驗的事物之由摹述而來的知識。因爲我們直接經驗的範圍，是狠狹窄的，所以這種結果，非常重要，如不了解他，我們的知識，必定仍是『玄之又玄』，所以也就令人懷疑了。

第六章　論歸納

以前種種的討論，幾不出乎企圖說明阻礙存在的知識之與料。宇宙間有什麼東西，因爲我們與他們親識，其存在遂爲我們所知道呢？　據我們的答案所及，就是我們和『感覺與料』，或者還與我們自己親識。　所以這些都是我們知道存在的。　至於過去的『感覺與料』，驗諸我們的記憶，知道曾存在於過去。　故此種知識，增加我們的與料。

然而我們如果想從這些『與料』推論，想認識物質的存在，他人的存在，個人記憶未發生以前過去的存在，或將來的存在，那就要知道若干種的普遍原理，憑藉這些原理，才能抽出這樣的推論。　我們必要知道某種東西『甲』的存在，是某種東西『乙』存在的符徵，如『乙』非與『甲』同時，或就在他的前後之間，比方雷是電存在的預兆，就是一例。　倘若不明白這一點、我們決不能擴張自己的知識，使他超乎個人經驗範圍以外；而這種範圍，我們在上邊已經說過、是極其狹窄的。　所以我們現在要研究的問題、就是這種擴張，是不是可能，如果可能，怎麼樣才能奏效？

任我們取一件人人絕不覺懷極的事，來做疎證。　我們都曉得太陽明早必定東升。　爲什麼？ 這種信仰，是不是僅僅過去經驗的盲目結果？ 不然我們可不可以說明他是一種合理的信仰？找出一種標準，用來評判這類信仰是合理不是，殊非易事，但是我們總能夠確知怎麼樣的普遍信仰，如果眞實，必可以『是正』太陽明早必定東升的判斷，此外我們的行動，都根據於許多別樣類似的判斷之上。

如果有人問我們爲什麼相信太陽明早一定東升，我們自然應道，『因爲他常常每日東升』。 我們堅信他在未來、也必定東升，因爲他在過去日日東升。 倘若難者更問爲什麼我們相信他繼續東升，常常像過去一樣；我們可以求援於『動律』(Law of motion) 說：地球是一個自由旋轉的物體，這種物體如果沒有外物的障礙，必然循環不息，而今日與明早之間，外面又沒有東西阻礙着他，所以他必繼續東升。 難者自然也許懷疑我們能不能確知外界沒有一點東西爲之阻礙，但這並不是有趣的懷疑；那有趣的懷疑，却在於問那『動律』到了明早能不能依樣的運用？如果懷疑到了這步田地，我們便覺得自己仍舊回復到了當初懷疑太陽的位置了。

相信『動律』將來仍是運用的唯一理由，就是以我們關於過去的知識之所及，使我們斷定這種動律的運用，已經從古如斯， 無疑我們從過去得來贊助動律的證據，比贊助日出的多得多，因爲日出不過僅僅是履行動律的一件特殊事例，其他別種的特殊事件正多着呢。然而眞正的問題却是：過去履行一條律例的任何數目之事件，能否作爲將來也一定履行的證據？ 如果不能，那就明白，我們無論如何都沒有根據預期太陽明早東升，或預期下頓飽吃的麵包不毒斃我們，或駕馭我們日常生活的那些幾乎不自覺的預期，必定如是、必定不如是。 由此就可以看見一切這種預期，不過是『或然的』，所以我們不必定要證明他們『必定』履行，不過根據某種理由，贊同他們『大概』履行的意見罷了。

我們現在研究這個問題，首先應得注重一個很重要的分判，如或不然，我們不久就如理亂絲，毫無頭緒，以至踏到失望的境地。 經驗告訴我們由今以前『若干畫一的接續或共成之屢次反復』(frequent repetition of some uniform succession or coexistence) 已經是我們預期在別個時會有同樣的接續或共存的一個原因。 有某種外形的食物，通常有某種的滋味倘若我們一但覺得那常見的外形，具一種非常的滋味，那就對於我們的預期，下了一個致命，的打擊。 我們所見的東西，以習慣的緣故，變成具有某種的觸覺，如果我們撫觸他，便預期覺着他；所以一個鬼子最令人駭怕的一件(許多鬼語都是如此說)就在於他不能給我們任何的觸覺。 未受教育的人，以爲無論何處都操自已一樣的語言，一旦跑到外邊去，方才知道自已的土語，却不適行，然後驚懼前日的信執，是錯了的。

這種聯想並不是限於人類；在動物中也是很強的。 一個識途的馬，若驅他向異於平常走慣的道上去，他是不肯的。 家畜見着那常常飼養他的人，便希冀食物。 我們知道所有這些較爲淺薄的『劃一』(Uniformity)之預期，錯誤是在所不免的。 那終身天天飼鷄的人，最後却把他的頸壓扭起來，這便足以證明那懷抱自然界劃一的精美見解，從前對於鷄雛是有用的，如今就不行了。

姑無論這種預期免不了誤認，然而他們却仍是存在。 那唯一的事實，就是那已經遭遇過幾次的事情，令動物及人類預想他必定再會發生。 可見得我們的本能必能令我們相信太陽明早一定東升，但是我們所處的位置，也許與那鷄的頸忽然被扭，相去無幾。我們於是乎要把事實分清，那過去的劃一，爲預期在將來的原因，姑無論這種預期，有沒有合理的根據，都是管不著的。

我們所要討論的問題就是那相信什麽『自然界之劃一』的，有沒有理由？所謂自然界的劃一之信仰，是相信凡已發生過，或將來發生的事情，是沒有例外的普遍原則的一件例證。我們剛才說過的淺薄預期，都不能不是例外的，那麽懷抱這種意見的人，在所不免要失望的了。但是科學習慣了臆設——最少也算是一個暫時的假定——那些有例外的普遍原則，可以用沒有例外的普遍原則爲之補充。『譬如在空中無支持的物體下墮』，是一條普遍原則，而氣球和飛機都是例外的。但是『動力』和『萬有引力』既說明大多數的物體下墮，那也說明氣球和飛機可以上升；由此可見『動力』和『萬有引力』都沒有許可這些例外的。

太陽明早必定東升的信仰，設使地球忽然與一個大的物體衝撞起來，毀壞了他的旋轉，那也許變爲失愼；然而這種事情，不會背犯了『動力』和『萬有引力』。科學的職務在於找尋劃一，如『動力』和『萬有引力』一樣，這些律例，就我們經驗之所及，是沒有例外的。科學對於這種發見，有了別的成功，所以也可信這種劃一是從古如斯的。 這種研究，使我們回到首先的問題：我們有沒有理由，假定他們在過去常常如是，便推測他們未來也必如是？

有人說：我們知道未來必定類似過去，非無理由，因為從前的未來常常變成過去，而又常常同過去相似，所以我們確是有未來的經驗，譬如從前的未來，我們可以叫做過去的未來。 但是這種辯證，其實太過臆斷了。 我們有過去的未來之經驗，但並沒有未來的未來，所以這個問題就是：未來的未來必定類似過去的未來麼？ 這個問題非單從過去的未來為出發點之辯證，可以解答的。 所以我們仍要找尋些使我們知道未來必定隨過去一樣的律例之原理。

這個問題不必定要以未來為左證。 同是一樣，我們根據經驗中對於過去事物有効的律例來講——這些事物，我們是沒有經驗過的，比方，在地質學上的，或在日局原始說的——

那同樣的問題，不是又起來了嗎？　其實我們所眞要問的是：『當兩件東西常常是聯合的，而沒有一件例據，證明他們有不相遇的事情，那麼，在一個新時機上，其一發見時，是否可以爲預期別個也發見的好根據』？　回答這個問題，必定全靠我們對於未來的整個預期之効力，得自歸納的整個結果，和我們日常生活所根據的一切實際信仰。

然而我們不能不相信兩件東西常常是一塊兒，終不能夠確實證明在我們所考察的別件事情上，一定是聯合的。　我們所能夠盼望的最多不過是，那些越多常常一塊兒的東西，我們越加或然的知道他們在未來也會一塊兒，如果他們的一塊兒已經很多，那或然性就差不多了到確定性了。　我們決不能達到圓滿的確定性，因爲我們知道屢次的重遇，雖是事實，然而有時最後却是失敗，如雞雛的頸，忽然被扭，便是一例。　所以或然性就是我們應該找尋的了。

我們這種意見，也許有人駁論，以爲我們知道一切自然現象，都受原則的支配，而有時根據觀察，却能看見只有一條原則，僅能與那件情形的事實相合。　對於這種意見，有兩個答案。第一，就是縱使沒有例外的若干原則，適用於我們的事情，而在實行上，却永不能確知我們已經發見那條原則，而沒有一條原則，有例外的。第二，就是原則的支配，他自己也只像是或然的，至於我們相信他在未來，或在過去未攷驗過的事情定必發生効力，這種信仰本身是根據於我們正在攷驗的原理之上。

我們正在攷驗的原理，可以叫做『歸納的原理』，至於他的兩部分，陳述如次：

(一)當我們知道一件某樣的東西A與某別樣的東西B相聯貫，而未嘗知道有與B不相聯貫，A和B聯貫的數次越多，那麽在一件新事情上，我們知道他們之中有一個顯現，他們未來的貫聯之或然性越大。

(二)在同樣的境遇下，聯貫的事件之數次越豐足，將使一件新聯貫的或然性，幾乎成爲確定性，和使他幾於確定性而沒有限度。

平心而論，這個原理僅適用於勘證我們對於一種新事情的預期。但是我們也要認識此外有一種或然性贊助那普遍原則的，譬如A種的東西，與B種的東西相聯貫，如果我們知道聯貫的事件之數次豐足，而沒有知道聯貫的事件之失敗，則A和B常常聯貫。 普遍原則的或然性由此顯然比特殊事件的或然性少，因爲如果那普遍原則眞，那特殊事件也必眞，然而特殊事件可以眞，普遍原則未必眞。 雖然普遍原則的或然性由囘數的增加而增加，正如特殊事件的囘數一樣。 那末，我們可以重述我們關於普遍原則的兩部分，如此：

（一）我們知道A類的東西，在越多的事件，與B類的東西相聯貫，那麼，A與B常常聯貫，越成或然的（如果我們未嘗知道有不聯貫的事件）。

（二）在同樣的境遇下，A與B聯貫的事件豐足，將使A與B常常聯貫的事情，幾乎確定而這種普遍原則幾於確定性而無限度。

或然性常與某種與料相對待，這是應該注意的。 在此所論，那些與料不過就是A與B共存的顯著事件。 此外或者還有別種與料，可以算入，若然則會把或然性有狠大的變更。 譬如一個見過許多白鴻鵠的人，也許拿我們的原理，辯說由這種與料，那所有的鴻鵠或者都是白的了，而這也許是一種完全强固的理論。 這種理論，決非以幾個黑鴻的事實，便可以否認，因為無論幾件與料說他或不可能，但有時也有偶然遇着的事，出乎所見者之外。就以鴻鵠而論，一個人也許知道顏色在許多類的動物上，是有很容易變更的性質，那麼，對於顏色上的歸納，就在所不免要大錯特錯了。但這種知識是另外一種新與料，決不能證明我們以前對於與料的或然性，預算錯了。所以那常常不能履行我們預期的東西，不是我們的預期，在某件事。或某類事情中將來或然的不能履行的證據。那末，我們的歸納原理，無論如何不是求援于經驗所能否認的。

然而歸納原理一樣的不能求援於經驗而為證明。經驗也許可以確定歸納的原理，如對於上邊所攷察過的事件一樣；但對於未經攷驗過的事件，只有歸納原理，可能判定那由已經勘證過到那未經勘證過的推論。一切以經驗為根據的辯證，關於未來，或過去或現在未經經驗的部分，都假定歸納的原理；可見我們決不能用經驗來證那歸納原理而不陷於臆斷』的。所以我們必定如不根據於歸納原理的內在證據而承認他，便屏絕關於我們未來的預期之一切辯護。如果那個原理是靠不住的，我們沒有理由預期太陽明早東升，預期麵包較石頭爲滋養，預期出了屋外，就會跌倒。　又當我們看見那迎面而來的像是我們的好朋友，我們也沒有理由假定他的心裏，不懷抱惡意，如我們最壞的敵人或完全未經認識的一樣。　我們一切的行爲，都建在聯想之上，這種聯想，從古已然有效，所以我們算他在未來中，大概總也同然有效；而這種同然的眞確是靠着歸納原理。

科學的普遍原理，如原則支配現象的信仰，萬物必有原因的信仰，其完全靠着歸納原理，正如日常生活的信仰靠着他一樣。　所有這種普遍原理都爲人相信的緣故，就因爲人類找得他們無限的眞實證據，而未找得他們假爲的證據。　但是這仍不能夠做他們未來是確實的證據，除非歸納的原理先行假定了呢。

由此可見一切根據于經驗的知識，告訴我們所未經驗的東西，他自已復基於一種信仰，這種信仰，既非經驗所能證實，也非經驗所能駁倒，然而這種知識，最少在他較具體的應用，表出其在我們之中的根深蒂固：正如許多經驗的事實一樣。　這種信仰的存在和剖白——如歸納原理的信仰，並不是唯一無二的例證，往後便見——引起哲學上有些最困難而又聚訟紛如的問題。 我們在下章將把這種知識，和他的範圍及確定性的程度，略略討論一下。

第七章　論普遍原理的知識

我們在前章已經知道歸納原理，爲一切根據經驗與辯證，想有効力，所必要的，但是他本身不能以經驗證明，然而人人也居然相信他而不極，最少也相信他在一切具體上的應用。照這些特性來說，歸納原理，並不是獨立無伴的。 此外還有許多原理，非以經驗所能證明或否認，但却爲那些自經驗出發的辯證所採用。

這些原理有些竟比歸納原理的證據大，而他們的知識，也有『感覺與料』存在的知識同樣確定。 他們由感覺上給我們的東西，搆成推論的方法；所以如果我們推論的不錯，正要我們推論的原理不錯，如同我們的與料要不錯一樣。 推論的原理，慣爲人所不注意，因爲他們『一目瞭然』，那相關的假定，爲人人所承認，人人竟不深知他是假定。 如果想獲得一種精確的知識論，那就很要確知推論原理的用處；因爲我們關于他們的知識，發生許多有趣味和困難的問題。

在所有我們普遍原理的知識，其實際的發生，第一着就是我們知道那原理的若干特殊應用，纔知道那特殊性是不合用的，又知道有同樣眞確的普遍性。在教授算術上，這就很親熟的了：『二加二爲四』，在若干特殊的『偶』(Couples)上是首先學習的，纔又學習別的特殊事件，以至最後能看見無論任何的『偶』都是眞的爲止。邏輯的原理，也有同樣的事情。假定有兩個人，爭辯今日是什麼日子。有一個說，『如果昨日是十五，今日必定是十六，這是你總能承認的』。別個答道：『是的，我承認這點』。第一個續道：『你知道昨天是十五，因爲你同鐘時吃飯，你的日記必定告訴那就在十五了』。第二個說：『是的，那麼今日就是十六了』

這種辯證並不難理會，如果假定他的前提都是眞的，那他的斷案也必是眞，這是實實在在無人否認的。但是他的眞理，全靠一個普遍邏輯原理的一個例證。那邏輯原理就是如下：『假定知道如果這時眞的，於是那也是眞的。假定又知道這是眞的，於是那也隨之而眞』。比方如果這是眞的，那是眞的，我們可以說『這』包含『那』，而『那』隨着『這』

。於是乎我們的原理就是說，如果這包含『那』，而『這』是眞的，因此『那』是眞的。換言之，『凡爲一個眞命題所包含的，就是眞的』，或『凡隨着一個眞命題生出來的，就是眞的』。

這個原理其實牽動——最少也牽動他的具體例證——一切的證明。無論何時一件東西是我們所相信的，拿來據證別的東西，我們結果也相信這別的東西，這個原理是適用的。設使有人問：『爲什麼我應該承認根據眞前提的顛撲不破之理論的結果』？我們只能求援我們的原理，而爲之解答。其實這原理的眞確，是不能懷疑的，况且他如此明白，一見就似乎太平常了。然而這種原理對於哲學家却不是平常，因爲他們證明我們也許有鑿鑿然的知識，而這種知識决不是由感官的對象得來。

上邊的原理，僅是自明的邏輯原理之一種。這些原理，有些總先要假定、然後任何的理論或證據才有可能。當他們有些已經假定了，別的就可能證明，雖然這些別的，既是簡單的，其明白也正如假定的原理無異。傳說上，沒有狠好的理由，把這些原理中的三條提出來，名爲『思想律』。

這三條就是：

(一)同一律『凡是的，是』。

(二)矛盾律：『凡物必是，或必不是』。

(三)不容間位律『凡物不能同是，同不是』。

這三條律例就是自明的邏輯原理之儀型，但其實並不比其他各種同樣的原理：譬如，我們剛才說過的所謂凡由隨着一個眞前提來的是眞的，較爲根本或較爲自明。『思想律』的名字也是使人誤會的，因爲重要的不在乎我們照着這些律例，是在乎萬物照着這些律行動；換言之，當我們照着這些律思想，我們思想就是眞的。但這是一個大問題，後來必要重行討論一下。

除那使我們可以由一個指定的前提，證明某物必然是眞的邏輯原理外，還有別的邏輯原理理，使我們可以由一個指定的前提，證明某物有較大的或較少的或然眞理。這種原理的例子，或者最重要的，就是我們在上章說過的歸納原理。

哲學史上最大聚訟的一個，是『經驗派』(empiricists)與『理性派』(rationalists)的爭論。經驗派主張我們一切的知識，來自經驗，這派最好以英國哲學家洛克(Locke)巴克雷(Berkeley)和休謨(Hume)爲代表；理性派主張除我們由經驗所認識的之外，還有我們不靠經驗而認識的『天賦觀念』(innate ideas)和『天賦原理』(innate principles)，這派以十七世紀大陸哲學家，尤其以笛卡兒及萊伯尼，爲代表。我們現在可以有些敢於自信，能決定兩方面的眞僞了。據上邊早已說過的理由，我們必要承認邏輯原理爲我們所認識，但却不能以經驗爲之證明，因爲一切證據，都假定他們是眞的。所以在這個地方，也就是兩方面聚訟的焦點，而理性派是勝了的。

在另一方面，縱使邏輯上不靠經驗的那部分知識（就經驗不能證明他的意義說），仍是推（出）原（因）於經驗。我們懂得普遍原則，皆原於特殊經驗，這是他們的貫聯，已經示人以例的。然而若謂小孩子生出來，便有成人的知識，而這種知識又非可以從經驗演繹出來，這樣推測『天賦原理』，那就完全不通了。因爲這種理由，所以現在想說明我們邏輯原理的知識的人，大多不用『天賦』一字，轉而採取『先天』(a priori) 一辭，這個辭也比較的好些所以既然承認一切知識，推原於經驗，我們仍是相信有些知識是『先天』的，意思是說，經驗使我們思想他，不能夠證明他，但不過這樣引起我們的注意，使我們不要經驗上的任何證明而看見他的眞理。

此外又有一要點，經驗派反對理性派是對的。除了以經驗爲助外，我們決不知道東西的存在。就是說，如果我們想證明我們沒有直接經驗過的東西之存在，我們的前提中必要有一二爲我們有直接經驗的東西存在。我們相信俄國的皇帝存在，或者根據於憑證，而最後的分析，憑證也不過以耳聞目見的『感覺與料』所構成。理性派相信由普遍的考察，知道必定是的，可以演繹出這個那個在現實世界是存在的。這種信仰，似乎錯了。一切關於存在的知識，我們能由先天得來的，似乎都是臆說的：他告訴我們如果一件東西存在，別件一定存在，或是較通常的，如果一個命題是眞，別個必定是眞。這種道理，我們在上邊所研究的原理，已經設譬過，譬如『如果「這」是眞，而『這』包含「那」，於是乎『那』也是眞』，或是『如果『這』與『那』屢次發見是貫聯的，在別個時候，其中一個發見時，他們倆將或然的貫聯着』。 由此可見得『先天』原理的範圍和効力，是極有限的。 一切知識知道某物存在，一部分必定靠着經驗。 無論何種爲人直接認識的東西，他的存在只靠經驗來認識；無論何種證爲存在的東西，未嘗爲人直接認識，那麼在論證上，經驗和先天原理都是必要的。 凡全部分或一部分根據經驗的知識，叫做經驗知識。 所以一切證實存在的知識，是經驗的，至關於存在的唯一之先天知識，是臆說的，這種臆說與存在的或也許存在的東西相貫聯，但不與現實存在的相貫聯。

『先天知識，不全是我們在上邊所研究的那邏輯之種類。 那非邏輯的先天知識最重要的例子，或者就是關於倫理的價値之知識。 我並不是說關於什麼是有利或什麼是有品的判斷，因爲這種判斷是要經驗的前提；我現在說的是事物內在的希求(Intrinsic desirability)之判斷。 如果某物有利，他必定有利於獲得某種目的；進一步說，那目的爲他自己計，必定有價值，而不僅僅因爲他爲某種較遠的目的有利。所以一切關於什麼是有利的判斷，着什麼爲他自已計是有價值的判斷。

譬如我們斷定人人希求幸福之心過於痛苦，希求知識而不希求愚昧，希求好意而不希求憎嫉。這種判斷最少有一部分必定是直接和先天的。他們像我們上邊的先天判斷似的，可以由經驗推出來，其實他們必定如此：因爲斷定任何物件是否內在的有價值，似乎是不可能的，除非我們有同類東西的經驗。然而他們不能以經驗證明，是很明白的，因爲一件東西存在或不存在是不能證明的，無論他是善的他該應存在，抑或他是惡的，他該不存在。這個問題的探討，屬道德學範圍，從這種學問來說，凡該當存在的，不能由什麼已經要樹立的演繹出來，今在此處，只要確知關於凡內在的有價值的知識是先天的，與在邏輯上是先天的同樣意義，其意義卽是這種知識的眞理非經驗所能證明或否認就夠了。

一切純粹數學，像邏輯一樣，是先天的。經驗派的哲學家極端否認此說，以爲經驗爲數學知識本源，正如他是地理知識的本源一樣。他們以爲比方看見兩件東西和兩件東西的反復經驗，知道他們合起來造成四件東西，我們於是由歸納的指引，得到兩件東西和兩件別的東西，常常合成四件東西的斷案。沒使二和二是四，是我們知識的本源，那麼，我們信服他的眞理，該當不與我們實際進發的途徑前進相同。其實有若干例證，都須我們抽象的思索『兩個』，比具體的思索兩個銅元，兩本書，兩個人，或任何的兩個特殊的東西多。所以我們一旦能夠除去不適切的殊相之思想，就可察察見二和二是四的普遍原理；無論那一個例，既見得可以爲儀型的，那麼改察別的例證就變成不必要了。(一)

同樣的事件在幾何學上不乏例證。如果我們要證明一切三角形的若干固有性，我們畫一個三角形來尋思他；但是我們可以不用那與一切別的三角無關的任何固有性，於是乎由我們特殊的事件，就獲得一個普遍的結果。我們誠然不覺得增多二和二是四的新例確定性就要增加些，因爲我們既見得這個命題的眞理，我們的確實變成怎麼大，就不可以再長大些了

(一)參看：A. N. Whitehead, Introduction to Mathematics. (Home University Library)

。復次，關於『二和二是四』的命題，我們覺得有若干必然的性質，他甚至不具那證據鑿鑿的經驗概括。　這種概括不過當是事實：我們覺得他們雖然在現實世界，竟成爲眞，但也許有一個世界，他們變成虛僞的。　反之，在任何可能的世界，我們覺得二和二會是四，這不僅僅是事實，也是一種必然；凡現實的和可能的東西，都不能異乎此種『規矩』之外。

今舉一件眞正經驗的概括，譬如『凡人皆有死』來研究，這事就愈加清楚了。　我們所以相信這個命題，是極簡單的，第一呢、因爲世上沒有超過某種年齡的人之實例，第二呢，從生理學上想來，一個有機體如人的身體，遲早必有腐壞的一日。　把第二個理由擱起不提，單論我們對於人死的經驗，我們決不以一個人死的十分明瞭之點認例證，便算滿足，這是狠淺白的，然而在『二和二是四』的例子上，一個例證就夠了，因爲精細的審量一下，可以使我們相信那同樣的事，必定發生於別的事例之上。　我們也不能不承認在回想上有些疑惑——雖然很小——以爲所有的人是否都死的呢？　這事可以想像兩個不同的世界，一個其中的人是長生的，一個其中二和二成爲五的，爲之說明。　當時維夫(Swift)〔譯者按：時維夫，英人，生於一六六七年，死於一七四五年，以小說名家，其著述如：Qullivers Travels A Tale of a Tub, The Battle of the Books 都是很有著名的」

引我們來量時多盧必斯 (Struldbugs) 的種族，是長生的，我們在幻想上可以容許他。 但是一個世界，其中二和二造成五，他的根基就似乎完全不同了。 我們覺得這種世界，如果是有，就把我們知識的全般構造推翻，驅我們到了『答焉似喪其耦』的懷疑境地了。

這個事實就是，在簡單的數學判斷上，譬如『二和二是四』以及邏輯上的許多判斷，我們不必由例證上推論，而可以知道普遍的命題，雖然用若干例證，以說明那普遍命題是什麼意義，通常是必要的。 這是為什麼演繹和歸納的道程上，有眞正的功利之原因，演繹法由普遍到普遍，或由普遍到特殊，歸納法由特殊到特殊，或由特殊到普遍。 演繹法是否給我們以新知識，這是哲學家中的一個舊爭論。 我們現在可以看見，在某種事件上，他總能做到這樣。 如果我們早已知道二和二常是四，又知壁郎和鐘時是倆個，而魯濱遜和時密斯也是一樣，我們可以演繹出壁郎和鐘時和魯濱遜和時密斯共成四個。 我們前提中包含沒這點，那這點就是新知識，因為那普遍的命題，『二和二是四』，從沒有告訴我們世間有這種人如壁郎和鐘時和魯擯遜和時密斯，並且那特殊的前提未嘗告訴我們他們有四個，然而演繹出來的命題却告訴我們這兩件事了。

但是我們取邏輯書中所常舉的演繹法之慣例，如『凡人皆有死，蘇格拉底是人；所以蘇格拉底有死』，所給我們的新知識，就不是那麼確當了。在這件事，我們所眞知道什麼超乎合理的懷極的，就是某人甲乙丙都是死的，因爲在事實上，他們已經死了。如果蘇格拉底是這些人中的一個，我們却繞道說：『凡人皆有死』，然後得到蘇格拉底或然是死的斷案，豈不是攖子嗎？如果蘇格拉底不是我們演繹所根據的人中之一個，我們直接由甲乙丙論到蘇格拉底，仍然勝過繞一個灣子，拿那普遍的命題說：『凡人皆有死』。因爲在我們的論據上，蘇格拉底有死的或然性，多過凡人皆有死的或然性。（這是很明白的，因爲如果凡人皆有死，蘇格拉底必有死；然而如果蘇格拉底有死，推不出凡人皆有死）。於是乎如果我們使我們的論證，純粹是歸納的，不繞『凡人皆有死』的道而用演繹，那麼我們得到蘇格拉底有死的斷案，就較近於確實。

這是表明稱爲先天的普遍命題，如『二和二是四』，與經驗的概括，如『凡人皆有死』的分判。

就前者而論，演繹是論證的正當法式，至於後者，歸納常是理論上更好一點，並且保證我們的斷案，有較大可信的眞理，因爲一切經驗的概括，比他們的例證更爲不確。

我們現在都知道世間有稱爲先天的命題，其中包含邏輯的和純粹數學的命題，以及道德學的根本命題。 所以如今我們必要研究的問題，就到了：這種知識應該是有，但怎樣可能？

又從特殊的來講，如果我們沒有遍察一切的例證，其實斷斷不能遍察一切，因爲他們的數量是無窮的；普遍命題的知識，怎樣能有？ 這些問題，最先由德國哲學家康德（Kant 1724-1804）很超卓的提出來，然而却是極困難，和歷史上極重要的問題。

第八章　先天知識如何可能

康德（Immunuol Kant）是通常稱爲近代最大的哲學家。 他雖生當『七年戰役』（Seven Years War）和『法國革命』之際，但他在東普魯士崑尼斯伯（Köuigsborg）大學教授哲學，未嘗少輟， 他最大的貢獻，就是發明他所叫做的什麼『批評哲學』（Critical philosoply

），這種哲學先假定世間有各類知識爲一種與料，然後探究這種知識怎麼樣成爲可能，又由這種探討的答案，演繹出關於世界的本質上許多玄學的結論。這種結論是否堅固，大有可疑之餘地。然而康德有兩種發見，確是值得贊賞的：第一，他發見我們有先天的知識，這種知識不純是『分析的』，換言之，他的反面是自相矛盾的；第二，他證明知識論在哲學上的重要。

康德以前的哲學家，大概以爲凡是先天的知識，必是『分析的』。所謂『分析』有什麼意義，最好拿例證來說明他。譬如我說，『一個禿人是一個人』，『一個平面的圓形是一個圓形』，『一個不好的詩人是一個詩人』，我所下的純是分析的判斷：就是一句話中的主位，最少有兩種特性，其中有一種另外提出來，確定他的本身。這種命題都是很平庸的，除了一個演說家預備拿來取笑外，在實際的生活上，其實永永都用不着。他們所以叫做『分析的』原故，因爲那賓位得自主位的『分析』。康德以前的哲學家，皆以爲所有我們確知是先天判斷的，都是此類：就是每句話必有一個賓位，這個賓位僅是主位的一部，且從而爲主位所斷定。如果這是對的，設使我們要否認先天認識的東西，我們該當陷入一種確定的矛盾了。『一個禿人不是禿』，這話就同時承認和否定那同一的人之『禿』，所以是自相矛盾，故依據康德以前的哲學家來說，那矛盾律斷定凡物不能同時有和非有一種特性，所以他能夠建立一切先天知識的眞理。

休謨(Hume 1711-1776)在康德前，對於什麼是構成先天知識的東西，承認通常的意見；有許多前人假定是分析的，而尤以因果一事爲最著，他發見其中的貫聯實是綜合的。休謨以前的理性派，總是以爲結果能由原因邏輯的演繹出來，只要我們有滿足的知識就夠了。休謨駁他們，以爲這是做不到的，我們現在大概都公認他的駁論不錯。他由是推出那更可疑的命題，以爲關於因果的貫聯中，並沒有爲我們所認識的先天東西。康德受了理性派遺說的教育，所以對於休謨的懷疑論，遑惑萬端，並且決心要親自找出一個解答來。他發見不僅是因果的貫聯，還有算術和幾何的一切命題，都是『綜合的』，換言之，不是分析的：所以在所有這些命題中，分析主位，決不能發見賓位。他所舉的例證，就是『七加五等於十二』的命題。　他指出七加五要合攏起來，才成十二：那十二的觀念並沒有包含在他們之內，也沒有包含在把他們孤起來的觀念之內，這話是很不錯的。　那末，他所得的斷案，以爲一切純粹的數學，雖然是先天的，却都是綜合的；從這個斷案，又發生一個新問題，這個新問題是他想解答的。

康德哲學發端的問題，就是『純粹數學怎樣可能』？　這是一個有趣味而又困難的問題，凡不是純粹懷疑派的哲學，都要找尋答案的。　純粹經驗派的答案，以爲我們數學的知識，乃由歸納特殊事實得來，這種理論，我們早已論其不當，理由有二：第一，歸納原理本身的效力，不能由歸納證明；第二，數學的普遍命題，如『二和二常是四』，只要審量一個例證，便明白他的確實，更無須乎詳徵。　由此可見我們數學的普遍命題之知識（這話也可以適用於邏輯），必要算是與我們（僅是或然的）經驗的概括之知識，如『凡人皆有死』不同。

這個問題的發生，實由於這種知識是普遍的，至於一切經驗是特殊的事實。　我們明明白白的能夠認識若干眞理，在我們對於特殊的東西有經驗之前，似乎奇怪；但邏輯與算術實是如此，固不容易懷疑。試問百年以後，倫敦的居民是誰，此非我們所能知；然而我們却知他們中任何的兩個，和別的兩個合起來，就構成四個。這種逆料我們沒經驗的事情之顯著能力，確有可驚人之處。康德對於這個問題的答案，據我的意見來說，雖不是『壁壘森嚴』然而却是『興致不少』。可是這個問題非常困難，各個哲學家了解他，亦『一人一義，十人十義』所以我們只能把他最近似的大略，敘述出來，就區區這一點來說，恐怕有許多康德哲學系統的解釋者，將以此為誤會了。

康德所主張的，就是在我們一切的經驗中，要分別兩種元素，一者原於對象（就是我們本書所稱的『物體』），一者原於我們自己的本性。我們上邊討論物質和感覺與料，已經知道物體和物體聯結的感覺與料不同，而感覺與料算是物體與我們自己交互作用的結果。以上所論，我們的意見都與康德一致的。然而康德最超卓的發見，却在於把我們自己和物體均分開的方法。他以為感覺中的粗淺材料，如顏色，堅硬等等，是原因於對象，至於空間和時間上的排列，與介於『感覺與料』間的一切關係，是我們所補充的，『感覺與料』

間的一切關係，是由於比較，或由於忖度一者爲他者的原因，或由別的方法之結果。　他主張這種意見的最大理由，就是我們對于因時空果和比較，似乎有先天的知識，但對於感覺的現實粗淺材料，就沒有了。　他說，我們可以確知凡不論何時爲我們能經驗的東西，必定有那在我們先天知識所斷定他的特性，因爲這些特性皆原於我們自己的本性，所以凡不具這些特性的東西，決不能爲我們所經驗。

我們本書的所謂『物體』，他名爲『物如』（註）（Thing in itself），德文爲 Dingan sich 法文爲（Chose soi-même），他以爲『物如』是本質上不可知的，所可知的不過是我們經驗中所有的對象，這種東西他叫做『現象』（Phenomenon）。　現象是我們與『物如』聯

（註）康德的『物如』，在定義上，與『物體』相同，換言之，『物如』是感覺的原因。　但由這個定義推出來的固有性，卻不相同，因爲康德以爲（姑不論對於原因上有些不整勻）我們所知的範疇，沒有一個可以適用於『物如』的。

合的結果，所以必然具有那些原於我們的特性，和必然歸依我們先天的知識。由此可見這種知識，雖對於一切現實和可能的經驗，是眞正的，但必不要以爲適用於外面的經驗。所以姑無論先天知識的存在，我們不能知道『物如』的任何東西，或一個非經驗的現實或可能的對象。他從這一方面，想調停和折衷理性派與經驗派的爭辨和理論。

康德的哲學，除了有些小根據可以批評外，還有他用以研究先天知識問題的方法，也逃不了一個『泰山壓頂』的駁論。現在所要說明的事，就是我們確知一切事料，必定歸依邏輯和算術。今說邏輯和算術，都是我們所施與的，就不能說明此事。我們的本性，不過存在世界的一種事料，與他物正無少異，若然，則我們決不能斷定『天不變；地不變，性亦不變』。如果康德是對，也許我們的本性，明日變成使二加二爲五。這種可能性，似出乎康德所想像之外，然而却是把他懇切爲算術命題所證實的確定性和共適性打得一個落花流水的理論。這種可能性，形式性與康德派所謂時間本身是由主觀施於現象的一種法式，所以我們的眞『我』並不是在時間之內，故沒有明日，的意見不相投合，這是無疑的。但是他仍要假定現象的時序，是由現象背後的東西之特性所決定，就是這一點，便足以供我們辯證的材料了。

若更返省一下，那就越加明白了，倘若我們算術的信仰是不無眞理的，他們必能適用於我們思維或不思維的東西，無少差異。縱使物體非人所能經驗，然而兩件物體和兩件物體，必定成爲四件。斷定這個是確實的，也不出乎我們所謂二加二爲四的範圍之外。其眞理之鑿鑿，正如兩種現象和兩種現象合成四種現象的斷定之眞確一樣。所以康德的答案，除了不能說明先天命題的確定性外，又非常縮小了他們的範圍。

今把康德所主張的專門理論放下，單講哲學家對於先天的見解，他們普通以爲先天的東西，是有精神的意味，與我們看他是外界的事料不同，我們在前一章，已經說過平常所謂『思想律』的三條原理。那令他如此命名的意見，非不自然，但我們却有很大的理由，以爲他是錯了的。任我們拿矛盾律來做說明。矛盾律的法式，通常是這樣表達出來：『凡物不能是又不是』，他的意思是說，凡物不能同時有和非有某種性質。所以，譬如一根樹如果是山毛欅，他就不能非山毛欅；如果我的桌子是長方形，他不能又非長方形。

但是什麽使他自然？ 叫這種原理爲思想律原來我們信服他的必然眞理，是由於思想，而非由於外面觀察。 當我們看見一根樹是山毛欅，我們就無容再看他是否又不是山毛欅；惟有思想自己，才使我們知道這是不可能的。 但那以爲矛盾律是一條思想律的斷案，仍是免不了謬誤。 當我們相信矛盾律，我們所相信的並不是把我們的心操練成必要相信矛盾律。 這種信仰是事後心理返省的結果，這種結果是預先假定對於矛盾律的信仰。 矛盾律的信仰，是對於東西的一種信仰，並不僅是對於思想的信仰。 譬如我忖度某一根樹是山毛欅，我同時就不能忖度他不是山毛欅，我們的信仰，並不是這樣，反正却是：如果這根樹是山毛欅，他就不能同時非山毛欅。 所以矛盾律是關於東西的，而不僅是關於思想的；雖然相信矛盾律是一種思想，矛盾律自己却不是思想，不過是關於世間東西的一種事實。 設使我們相信矛盾律，而我們所相信的這個，竟不與世間的東西相合，那麽縱使我們不得不以爲他是眞，但終歸不能救矛盾律之非僞；這就證明矛盾律並不是一條思想律。

同樣的理論，可以施諸任何別的先天判斷。　當我們斷定二加二爲四，我們並不是對於我們的思想，加以判斷，但對於一切現實或可能的『偶』數加以判斷。　我們的心是這樣構造成使他相信二加二爲四的事實，雖然無可疑惑，但當我們斷定二和二是四，我們絕對不是斷定心的構造之事實。　世間決沒有對於我們心的構造之事實，能令二加二是四爲眞的。　所以我們的先天知識如果不錯，就不僅是關於我們心的構造之知識，但可以適用於世界涵有的一切東西，無論其爲心界或非心界。

然而在事實上，我們一切先天的知識，又似乎關於實體的，這種實體，正當的講起來，都不存在於心界或物界。　他們可以拿『字部』(Parts of Speech)——這不是名詞——爲之稱謂；他們就是如『性質』和『關係』的實體。　譬如假定我在我的房裏。　我存在，我的房子也存在；但是『在』是不是存在？然而那『在』字顯然有一種意義，他表明我與我的房子間的關係。　這種關係是些東西，雖然我們不能說他存在，與我和我的房子存在，有同樣的意義。　那『在』的關係是些東西，這些東西我們可以思維，可以了解，如果不了解他，便不能了解『我在我的房裏』的那句話。 有許多哲學家拾康德的唾餘說，關係是心的工作，至於『物如』是沒有關係的，不過心以思想的發動，把他們聯合起來，所以產生關係，而心就判定他們有關係了。

然而這種意見，大有反駁之餘地，正如我們駁康德的一樣。 『我在我的房裏』的命題之眞理，並不是由思想所產生，這是很容易看見的。 也許一隻螻蛄在我的房裏是眞，姑不必我或螻蛄或別的人知道這事然後這事才眞，因爲這個眞理，僅是螻蛄與房子的關係，此外更不靠什麼東西。 由此可見這種關係，必要擱在一個既非心也非物的世界，我們將於下章，更爲詳細的討論。 這個世界對於哲學極其重要，而尤以對於先天知識的問題爲尤甚。我們將在下章進而表白他的本性，和他在我們研究過的問題之位置。

第九章　共相的世界

我們在前章末了，已經看見『關係』的實體，顯出有一種『實在』(Being)，這種『實在』與『物體』略有不同，且與『心』，和『感覺與料』，亦不一樣。 本章我們要討論這類『實在』的本性如何，和世間有什麼東西具有這類『實在』。今先從後一個問題論起。

我們現在討論的問題，原來是柏拉圖(Plato)介紹到哲學來的，所以是很舊的了。柏拉圖的『觀念說』(Theory of ideas) 是解答這個問題的一種企圖，據我的意見來說，這也是從來解答這個問題最有成効的一種企圖。自此以後所主張的理論，大多不出柏拉圖的範圍以外，其間稍有變革，也不過因時勢的必要罷了。

柏拉圖研究這個問題的途徑，大概如下。譬如我們拿正誼的總念來商榷。如果我們試問一問自已，『正誼是什麼』？那自然由審量這件那件和他件正誼行為，以求發見他們有什麼共通之點。從一方面說，他們必有一種通性，這種通性，凡在正誼的事情上，也只在正誼的事情上，可以找出來的。通性本身就是正誼，他們用這種通性，一切都合乎正誼，通性是純一潔爭的體素，把這種體素與平常生活的事料相勻合，正誼的行為，就相乘而生。同是一樣，我們用別的任何名相，可以應用於共通的事料，譬如說『白』，這個白字就可以應用於許多特殊的東西，因為這些東西都各占通性或體素的一份。這種純一潔淨的體素，就是柏拉圖的所謂『觀念』(Idea)或『法式』(Form)。(我們必不要設測他的所謂『觀念』是存在心裏的，雖然這些觀念可以爲心所領會)。正宜的『觀念』並不是與正誼的東西相符合：他是異乎特殊的東西，反正却爲特殊東西所共同參預。因爲他不是特殊的，所以自已不能存在於感覺界。復次，他不是暫時的，變易的如感覺的東西一樣：他是無形無體，不變不化，不毀不滅的。

於是乎柏拉圖已經到了一個較感覺的共通世界更爲眞實的超感覺界，觀念的不變世界了，惟有這個世界，才使感覺世界生出對於本體的一切慘淡的冥想。據柏拉圖的意見，以爲眞實的世界，就是觀念的世界；我們對於感覺界的東西，無論怎樣評說，也僅能成功說他們參預這樣那樣的觀念，所以他們的特質，就由觀念所搆成。說到這裏，很容易跑到神秘主義上去。我們也許希冀在一盞神秘的燈光之下，看見觀念，如我們看見感覺的對象一樣；我們也許想像觀念是存在天上的。這種神秘的發展，本來是很自然的，但他的理論取基於邏輯，所以我們也要根據邏輯來研究他。

『觀念』一語，因為經過許久的時日，所以有許多的意義，若拿來應用到柏拉圖的『觀念』那就大錯特錯了。 因此之故，所以我們想說明柏拉圖的意思，將用『共相』一語，代替了『觀念』。 柏拉圖以為觀念是實體的體素，這種體素與感覺界的特殊東西相反。 我們對於凡感覺所能給的東西，或凡感覺所能給的同一性質之東西，叫做『殊相』與殊相相反的，叫做共相』，共相是許多殊相所參預的某種東西，並且具有我們前面所分別正誼與正誼的東西，白與白的東西之正誼和白的特性。

我們審查一切的字，廣義的說來，見得固有名詞代表殊相，至於其他的名詞，形容詞，介詞，動詞代表共相。 代名詞代表殊相，但是兩可的：我們只由上下文或情形而認識他們代表什麼殊相。 『現在』一詞代表一種殊相，譬如『此刻』可證；但他們與代名詞一樣，代表一種兩可的殊相，因為現在是常常變動不居的。

凡一句話中，最少有一個字是表達共相的。 譬如『我愛此』就算沒有共相的了。 然『愛』字還是表達共相，因為我可以愛別的東西，而別人可以愛東西。 所以一切真理，牽涉共相、一切眞理的知識，牽涉與共相的親識。

字典中所有的字，幾乎都是代表共相的，然而除了哲學家之外，却很少有人知道世間有共相的實體，這不是很奇怪的嗎？一句話中不代表殊相的字，我們自然不大注意；有時我們不得不注意一個代表共相的字，我們竟以爲他是屬於共相之下而代表殊相的。譬如我聽見一句話，『查理士一世的頭被斬斷了』，我們自然想到查理士一世；想到查理士一世的頭，想到斬斷他的頭之手術，以上種種，都是殊相的；但是我們本來不全注意到共相的『頭』字或『斬』字的意義。我們覺得這種字不很完全，不很殷實；他們似乎更要上下文，才與別的東西發生關係。由此可見我們這樣避免了一切共相的注意，等到哲學把他們置諸我們之前，我們才不得不注意。

廣義的來說，就在哲學家中，只有形容詞或名詞的共相，常爲他們所承認，至於動詞的或介詞的就大多輕輕的放過了。這種疏忽，對於哲學有很大的影響；自斯賓諾沙(Spinoga)以來，玄學的大部分，都被他限制着，這話並非過重，他們所以有這種疏忽的原故，大概如下：普遍的來說，形容詞和普通名詞，表達單獨東西的性質或固有性，至於介詞及動詞則表達兩件或兩件以上的東西之關係。 由可又見得平常不注意介詞和動詞，以至誤信每個介詞都可以算做一件單獨東西連屬固有性的媒詞，而不是表達兩件或兩件以上的東西間的一種關係。 所以有人竟然假定東西之間沒有關係的實體。 又有人以爲宇宙間只能有一種東西，如果能有多種，他們無論如何不能生交互作用，因爲任何的交互作用，便是一種關係，而關係是不可能的。

以上兩種意見，第一種叫做『一元論』(Monism)爲斯賓諾沙所始倡，今日有伯拉梨君(Mr. Bradley)和許多別的哲學家都主張此說；第二種叫做『小一論』(Monadism)，因爲每個單獨的東西，名爲『小一』(Monad)爲萊伯尼所始倡，現在却不大流行了。 這兩派對峙的哲學，雖然很有興趣，但據我的意見，以爲他們是由全不注意形容詞和名詞，而非動詞和介詞所代表的那種共相之結果。

以實學來論，如果有人必定要否認世間有共相的東西，我們雖然不能嚴格的證明世間有

『性質』的那種實體，換言之，那以形容詞和名詞代表的共相，然而我們却能證明世間必有『關係』，換言之，就是普通以動詞和介詞代表的那種共相。　任我們拿共相的『白』來做說明。　如果我們相信世間有這樣的一種共相，我們就說，東西是白，因爲他們有白的性質。　然而這種意見，巴克雷和休謨都極端否認，他們以下的經驗派，都附和他們的遺說，以爲世間簡直沒有『抽象觀念』的東西。　他們說，當我們要思想『白』，我們搆成若干特殊白的東西的一個影像，然後忖度這種殊相，並且愼防演繹出某種不能對於別的白色物件有同樣眞實的東西。　這是我們現實精神的事實，當然是包含大部分的眞理。　譬如在幾何學上，當我們想證明一切三角形的某種東西，我們畫一個特殊的三角形來思維他，愼防用了不與別的三角形共有的特性。　初學的人，想避免錯誤常見得畫幾個越不像的三角形越好，這樣所以求知他的思維，是否能同樣的適用於一切三角形。　但我們一旦反問自己，我們怎樣知道一件東西是白的，或是一個三角形，困難就發生了。　如果我們想避免了『白』和『三角形性』的共相，於是選擇一塊特殊白色的東西，或若干特殊的三角，從而說道，凡物如果與我們選擇的殊相有正當相同之處，便是白的東西或是一個三角。然而假令此說不錯，那需要的相同，就是一種共相了。世間白的東西多得很，其相同之處，必可以施諸許多特殊白的東西而無礙；而這就是一種共相的特性了。若難者猶斷斷的說，每對東西，仍有一種差異的相同，那是沒用的，因爲我們那麼又要說，這種相同仍是相同，於是乎最後我們終歸不能不承認相同是一種共相。所以相同的關係，必定是一種眞正的共相。我們既然不能不承認這種共相，那麼若再創造困難和全非的理論，求避免了『白』和『三角形性』的這種共相，再也沒有價值的了。

巴克雷和休謨當然不想到他們反對『抽象觀念』的這種駁論，因爲他們正如他們的敵人一樣，僅想到『性質』上去，至於『關係』的共相就完全不知道了。所以在這一方面，理性派反對經驗派似乎是對的，雖然理性派因爲不知道或否認關係的共相，故他們的演繹，較經驗派的尤易陷於謬誤。

我們現今既知道世間必有共相的實體，那第二點要證明的，就是他們的實在，並不僅僅是精神的，這個意思是說，無論何種屬於他們的實在，其存在絕對不靠有人思維他，或有心了解他與否。　我們在上章末了，已經說到這個問題，但是我們現在必要詳細討論一下，看屬於共相的，是種什麼樣的實在。

譬如拿『愛丁堡在倫敦的北方』的命題來研究。　這裏我們有兩個地方間的一種關係，這種關係，不須靠我們的知識而存在、他很明白的。　當我們知道愛丁堡在倫敦的北方，我們知道某物只與愛丁堡和倫敦發生問題：我們知道他，並不是我們使這個命題變爲眞理，反之，我們僅僅領會一種先我們知道他而存在的事實能了。　愛丁堡所據有的那面之部分，就是在倫敦所據有的北部，縱使沒有人類知道什麼南和北，縱使宇宙間絕沒有心，而這個眞理仍是不變的。　這話自然爲許多哲學家所否認，他們如不以巴克雷的理由爲根據，或者就拿康德的理由爲護符。　可是我們早已經討論過這些理由，並且斷定他們不適當了。　所以我們現今可以假定愛丁堡在倫敦的北部之事實上，並沒預料有精神的東西存在其間，是眞的。　但這種事實，牽涉『的北部』之關係，這種關係就是一種共相；如果『的北部』之關係，是這事實上的一種成分，而牽涉精神的東西，那麼這整個事實不牽涉精神的東西，是不可能的事。所以我們必要承認那『關係』，正如『他貫聯』的詞句一樣，並不是靠着思想而存在，但屬於一個獨立的世界，這個世界是思想所領會而非思想所創造的。

然而這個斷案也有一種困難，因為『的北部』這個關係，一若不與愛丁堡和倫敦有同樣意義的存在。如果我們問『這種關係存在何處與何時』？答案必然是『無處與無時』。我們無論在什麼地方什麼時候，都找不到『的北部』之關係。這種關係既不存在於愛丁堡，也不存在於倫敦，因為他聯貫兩個，又中立於兩個之間。我們也不能說他存在於什麼特殊的時間。然而現在凡為我們感官或內省所能領會的東西，都存在於若干特殊的時間。那末，可見『的北部』之關係，根本上與這種東西不同。他既不存在空間，也不存在時間，他既非物質，也非精神，然而到底却是些東西。

有許多人推測他確是精神的緣故，大多由於共相中有一種極奇特的實在故。我們可能思維於一種共相，而我們的思維於是存在於一種很平常的感官，如同別的精神發動一樣。

譬如我們想起白來，從一個意義裏，可以說白是『在我們心裏』。　這裏我們又遇着第四章研究巴克雷時所注意的兩可之意義了。　但嚴格的說來，白並不是在我們心裏，不過白的思想發動在我們的心裏。　我們同時注意的那『觀念』的兩可意義，在這裏也引起混淆來。從這個字的一種意義來說，就是他表明思想發動之對象，那麼，白是一個『觀念』。　所以如果不防止這種兩可的意義，我們也許從他種意義上，以為白是一個『觀念』，換言之，就是一種思想發動；所以就忖度白是精神的。　如果這樣思維，我們便把他的共相之本質奪去了。一個人的思想發動，必然與別個人不同；一個人在一時的思想發動，必然與原人在異時的思想發動不同。　所以如果白是思想而不是同思想反對的對象，就沒有兩個人可能思維他，且沒有一個人可能思維他兩次。　我們對于白的許多不同之思想，究竟有共通的所在，這個所在就是思想的對象，而這個對象又與思想絕對不同。　所以共相非思想，雖然在認識時，他是思想的對象。

凡在時間上存在的東西，我們就說他存在，換言之，當我們能指出某時，在這某時他是存在（他們在一切時間存在的可能性不算），那將來就可以省却多少麻煩了。由此來說，思想，感情，必與物都是存在。但從這個意義，共相是不存在的；我們可以說他『能立』，或『有實在』，這『實在』不占時間，所以同『存在』相反。共相的世界，所以也可摹述為實在的世界。實在的世界（The World of being），是不變的，剛刻的，正確的，數學家，名學家，玄學系統的建設家，與乎一切愛完成重過生命的人，最喜悅的就是他。存在的世界（The World of existence），是暫時的，薄弱的，沒有嚴正之畛域的，沒有明白的計畫或佈置的，但他彙涵一切思想和感情，一切感覺的與料，和一切物體，可以為善的東西既無所不攝，可以為惡的也同樣的包容，還有那使生命和世界的價值，生出種種差別的種種東西。我們各人的氣質不同，故各人有各人所高興瀏思默想的世界。我們都是各『阿其所好』，其所不好的，或者竟以為是一種幻影，值不上有眞的意義。但那完全的眞理，却在於兩者在我們『不阿』的注意上有同樣的要求，兩者都是眞的，兩者對於玄學家都是重要的。我們一旦分判開這兩個世界，當然就要討論他們的關係。

然而我們究竟先要攷察我們共相的知識。所以下章就討論這個問題但首先引起我們研究共相的，本來是由於先天的知識，故在下章，我們將找得這個問題的解答。

第十章　論共相的知識

一個人在某時間的共相知識，像殊相的一樣，可以分爲(一)由親識而認識的(二)祇由摹述而認識的(三)非親識或摹述所能認識的。

我們現在討論由親識所得的共相知識。循端來說，我們分明都與這種共相，如白，紅，黑，甜，酸，大聲，堅硬，等等親識，亦卽是與感覺與料所舉例的性質親識。當我們看見一塊白片，首先便與特殊的白片親識，繼又看見許多白片，我們不難學會把他們共有的白色，抽象出來，旣然做到這步，就學會與白親識了。我們與同類的任何別種共相親識，皆可以從同樣的過程做到的。這種共相，可以叫做『可覺的性質』(Sensib.qualities)。我們領會他們所用的抽象力，可以比領會別的少，而他們也似乎離殊相，比別的共相離殊相近。

復次，請論關係。　那些最容易領會的關係，就是介於一個複雜的感覺與料間的各部分。　譬如，我一瞥能看見現在寫字的全張紙，這全張紙就包含在一個感覺與料。　然而我覺得這張紙的各部分，有在他部之左的，有在他部之上的，　這事的抽象過程，大略如下：我同時看見許多，其間一部分在他部分之左；感覺與料，我覺得，好像上邊對於各種白片一樣，所有這些感覺與料有些共通的東西，我藉抽象的力量，就找出他們所有的共通性是介於他們各部分間的一種關係，換言之就是我叫做其間一部分在他部分之左的關係。　從這種途經我就與共相的關係親識。

在時間上我認識前後的關係，也是一樣。　譬如我聽見鐘聲悠揚到了最後，戛然中止，我可以把他整個的鐘聲保留在心裏，又可以知道那最早的鐘聲，先過後來的鐘聲。　在記憶上我也知道我所記憶的東西，先現在而存在。　從這種源流，我可以抽象出前後的關係，正如抽象出『在他部分之左』的共相關係一樣。　所以『時間關係』正如『空間關係』，都是我們親識中所涵有的。

『類似』是從同樣的途徑爲我們所親識的別種關係。　如果我同時看見兩塊綠色，我可以看見他們兩相類似！如果同時我又看見一塊紅的，因爲『對比』的原故，我可以看見那兩綠越加類似。　如此我就與共相的『類似』(Resemblance or Similarity)親識了。

介於共相的關係，像介於殊相的一樣，是我們可以直接知道的。　剛才我們知道可以看見兩綠間的類似，大過一紅一綠的類似現在我們論到介於兩種關係『大過』的一種關係。我們對於這種關係的知識，雖然比那用以得到『感覺與料』的性質之抽象力大，但分明有同一的直接，和(最少也在若干件)有同一的確實。　所以關於感覺與料有直接知識，關於共相也有直接的知識。

我們始初討論共相時，把未解決的先天知識問題擱下，現在且回到這個問題來，我們覺得在如今的地位對付他，總比從前勝得多了。　任我們把『二和二是四』的命題重提出來。就上邊所討論，我們很容易明白這個命題是陳述『二』的共相，和『四』的共相間的一種關係。　由此我們得到如今想建立的命題；就是：——『一切先天知識，專對付共相的關係』

。這個命題極其重要，且大可以解決我們以前關於先天知識的種種困難。

然而一個先天問題以爲凡屬一類的殊相，也屬於別類，或『結果同樣』以爲一切有某種固有性，也有別種固有性，這話驟然看去，使我們上邊所說的命題似乎不確。　然而不知這裏我們是對付有固性的殊相，而非對付固有性。『二和二是四』的命題，實是目前的一例，因爲這個命題可以這樣說『任何的二和任何別的二是四』，或『任何二二的集合是一個集合的四』。　如果我們能證明這樣的陳述，眞是僅僅對付共相，我們的命題就可算已經證實了。

我們想發見一個命題是對付什麼的，最好是問一問自己，想明白那命題的意義，看先要明白什麼字義；換句話說，我們必要與什麼對象親識？　我們一旦明白命題有什麼意義，縱使我們仍不知他的眞僞，我們必已和那命題眞是對付的東西親識，這是毫無可疑的。　應用這種試驗，有許多似乎是關涉殊相的命題，都見得實是僅僅涉及共相的。　在『二和二是四』的特例上，雖然我們解釋他的意義，說是「任何二二的集合是一個集合的四」，但我們總可以了解這個命題，換言之，我們一旦知道『集合』『二』和『四』是什麼意義，就看見他斷定的是什麼，此外更無須乎知道世間所有的一切對偶：(Couples) 如果這是須要的，那就分明我們永永不能了解這個命題，因爲偶是無窮多，若悉爲我們所認識，是做不到的。由此可見我們的普遍陳述，雖然含包關於特殊偶的陳述——當我們一旦知道世間有這樣的特殊偶——但是他本身並不斷定或包含世間有這樣的特殊偶，所以就不及關於任何現實的特殊偶有所陳述。那個陳述是關於共相的偶，而非關於這個那個的偶。

所以『二和二是四』的陳述，是祇關於共相的，故凡與這共相親識的人，都可以知道，和能看見陳述中所斷定他們的關係。我們具有看見介於共相的這種關係之能力，所以有時認識好像算術和邏輯的普遍問題，這件事實，是由反省我們的知識而發見的，故不該把他看輕了。當我們從前討論這種知識，見得最玄秘的，本是預定和支配經驗的東西。然而這一點，我們現在可以看見是謬誤的了。世間決沒有可能經驗的東西，而不靠經驗可能認識的。我們先天的認識兩件東西和兩件東西合攏起來，構成四件東西，但我們却不先天的認識如果鐘時和壁郎是兩個，魯濱遜和時密斯是兩個，於是乎鐘時和壁郎和魯濱遜和時密斯是四個。其理由就是我們不能了解這個命題，除非知道世間有這樣的人如鐘時和壁郎和魯滋遜和時密斯，但這個我們只能由經驗而認識。所以我們的普遍命題雖是先天的，至於他對於現實殊相的一切應用，却牽涉經驗，所以包含一種經驗的元素。這樣子那在我們先天知識似是玄秘的，就見得是建築在一種錯謬上邊了。

如果我們把眞正的先天判斷，與一個經驗的概括，如『凡人皆有死』對比起來，這點就更明白了。這裏像前邊一樣，我們一旦了解人和死的共相，就可以了解這命題有什麼意義。了解這命題的意義，自然不須與全人類一一親識。所以一個先天的普遍命題和一個經驗的概括之分判，並不是在命題的意義，是在命題的證據之性質。經驗概括的證據，全在殊特的事例。我們相信凡人皆有死，因爲我們知道世間人死的事例無窮無盡，反之，却沒有過了某種年限還不死的例證。我們不相信這個命題，因爲看見介於共相的人和共相的死間有一種連繫。生理學上，假定普遍原則支配生命的物體，如果他能證明生活的有機體，沒有能永遠長生的，使人與死之間生一種連繫，那他就眞可以使我們斷定我們的命題，不必求援於人人皆死的特別證據了。但這也不過說我們的概括，包攝在一我較廣的概括之內，雖然他的證據較浩闊些，而證據的種類，却仍是一樣。科學進步，不斷的產生這種『攝容』(Subsumptions)，所以科學的概括，有一種不斷的較廣的歸納之基礎。但是他雖然產出一種較確定的程度，却並不產出一種不同性質的概括：他的最後之根據，仍不出乎歸納，換言之，是從例證得來，而不是一種先天共相的連繫，如在邏輯和算術所有的一樣。

先天的普遍命題上，有兩種對峙之點，是要注意的。第一，如果許多特殊的例證已經知道了，我們的普遍命題頭一着就可以由歸納得到，至那共相的連繫，僅是後來覺得的罷了。例如，人人知道，如果由一個三角內各角盡垂直線到各邊上去，三條垂直線必交在一點。這個命題很可以在許多三角內，實際的畫出垂直線來，找出他們常常交在一點；這種經驗也許引導我們找尋普遍的證據，而發見他。在數學家的經驗中，這種事例，是很平常的。

第二點更有興趣，而在哲學上亦更為重要。我們有時知道一個普遍命題，但却不知道這個命題的一種單獨例證。　譬如，我們知道任何的兩個數目，可以相乘起來，生出第三個數叫作原來兩個的積。　我們曉得凡兩個整數，其積比一百小的，實數已都乘起來了，積的値已記在九九表中。　但我們也曉得整數的數是無窮的，又曉得只有有窮的一對一對整數，曾經爲人想到，或將來可爲人想到。　所以隨着這條來，世間整數的偶，上至往古，下迄將來，有永不經人類之腦海的，而他們牽涉的整數，其積則超過一百。　所以我們得到一個命題：『兩個整數的一切積，上至往古，下迄將來，有永不經人類之腦海的，是超過一百』。這是一個普遍的問題，其眞理是不能否認的，然而由這個命題的性質來看，我們永不能拿出一個例證；因爲我們可以思維的任何兩個數目，都受這個命題的名詞所擯斥。

普遍命題的知識，沒有什麼證例的可能性，時常爲人所否認，因爲有許多人不知道這種命題的知識，只須共相的關係之知識，用不着我們現在所說的共相例證之任何知識。　然而這種普遍命題的知識，對於許多通常承認爲可以認識的東西，是十分重要的。　譬如，我們在上邊說過，『物體』與『感覺與料』相反，故只能由推論獲得，且並非我們親識的東西。

所以我們永遠不能知道有這種法式：『這是一件物體』的命題，此處『這』是直接認識的東西。　隨這條來，所有我們關於物體的知識，沒有現實的例證可以拿出來。　我們可以拿出那與物體相聯貫的感覺與料之例證，但却不能拿出那現實物體之例證。　所以我們關於物體的知識，全靠不能拿出例證之普通知識的這種可能性。　同樣的道理，適用於我們對於別人的心之知識，或其他別種我們不能由親識而認識他的例證之東西。

從以上的分析，我門現在可以測量我們知識的源泉了。　我們開端時，分別開東西(物)的知識和眞理的知識。　每種又分爲兩類，一是直接的，一是引申的，。　我們對於東西的直接知識，叫做親知，依着東西是殊相或共相，分爲兩類。　殊相當中，我們與感覺與料，和(或然)與我們自已親識。　共相當中，似乎沒有什麼根據，可以決定那是能由親識而知道；但那可以這樣認識的，其中如可覺的性質，空間，時間，類似的關係，和某種抽象的邏輯共相，都是很昭著的。　我們對於東西的引申知識，叫做述知，述知常常牽涉與某種東西和眞理的知識之親識。　我們對於眞理的直接知識，可以叫做直覺知識，至於這樣認識的眞理，可以叫做自明眞理。(Self-evident Principles)這種眞理之中，含包那些僅由感官所表現的東西，與若干抽象邏輯的和算術的原理，以及（雖然不如此之確）有些道德學的命題。我們引申的眞理知識，含包用演繹的自明原理，可能由自明的眞理推演出來的一切東西。

如果上述的沒有謬誤，我們一切的眞理知識，都靠我們直覺的知識。所以討論直覺智識的性質和範圍，像我們上邊討論『親知』的性質和範圍一樣，如今變爲必要了。但是眞理的問題，引起一種更進一層的問題，這種就是錯誤的問題，我們討論東西的知識，他是不發生的。我們有些信心，究其極是錯誤的，所以必要討論一下，我們怎樣能把知識與錯誤分判開。這個問題當討論『親知』時，是不會發生的，因爲無論親識的對象是什麼，縱使在夢中和幻覺中的，若不出乎直接的對象外，決不牽涉錯誤：錯誤只能發自當我們對付直接的對象——即是感覺與料——是若干物體的標誌。所以與眞理的知識連繫的問題，比那與東西的知識相連繫的困難得多。論到與眞理的知識連繫的第一個問題，請先考驗我們直覺的判斷之性質和範圍。

第十一章　論直覺知識

世人有一種普通的印象，以爲凡我們所相信的東西，該當可以證明，或至少也可以顯出有極高的或然性。　有許多人覺得一種說不出理由的信心，是不合理的信心。　我們通常的信心，幾乎都是根據於別種可以算做理由的信心，推論出，或能夠推論出來；不過我們大多把理由忘記掉，或未嘗把他清清楚楚的呈在心裏罷了。　譬如，我們平常很少反向一向，究竟有什麼理由，假定正在吃着的東西，結果不變而爲毒物。　可以辯難起來，縱使當時找不出理由，但總覺有一種很好的理由可找。　這種信心，通常是不會錯的。

然而比方我們想像世間有『强聒不舍』像蘇格拉底的人，無論我們說出什麼理由，他仍是追向理由的理由。　那麼我們遲早，或者過不了許多時，必然跑到山窮水盡的地方，再也不能找出別的理由，並且確知別的理由，縱是理論的也無可尋找了。　若干的普通原理，或普通原理的若干例證，可以由我們日常生活的共通信心爲出發點，一步一步的回溯上去，找尋出來，這些原理，似有很明瞭的證據，所以本身再不能由證據更爲確鑿的東西來演繹。論到許多日常生活的問題，如我們的食物，是否似乎滋養而非有毒的呢，我們又要回到第四章所討論的歸納原理上去，但出乎此種範圍以外，就似乎再無退步的餘地了。 我們的推理，有時是自覺的，有時是不自覺的，然而却常常用這種歸納原理；但憑藉若干較簡單的自明原理爲出發點，得到歸納原理的斷案，其實也沒有什麽推理。 邏輯的原理，也是如此罷了。 這些原理既如此彰明昭著，所以我們就用來建立證據，但是他們本身，或者最少也有若干，是不能證明的。

然而『自明』(Self-evident)並不是限於不能設證的普遍原理。 某種邏輯原理既然確立，其餘的都可以從此演繹出來，但演繹出來的命題，其自明正如那些沒有證據而被假定的無異。 此外還有一切算術，可以由邏輯的普遍原理推繹出來，然而算術的簡單命題，如『二和二是四』，其自明又正如邏輯的原理無異。

道德原理，也有些似是自明的，如『我們應該從善而行』就是一例，不過關於這個地方，還是聚訟紛紜罷了。

各種普遍原理中，特殊例證之於親近的東西，比普遍原理之於親近的東西的證據，這是應得注意的。 比方矛盾律說， 凡物不得既有某種固有性，而同時又非有某種固有性。我們一旦了解他，固然見得是很確實的，但是設有一朵特殊的玫瑰花，我們說他不能同時是紅又非紅，那就不這樣確實了。（玫瑰花有一部分可以是紅，一部是非紅，或是那玫瑰花是粉紅的，我們幾不知道叫他是紅不是，這事自然可以有的；但據前說來講，分明那全朵玫瑰花不是紅的，據後說來講，我們既決定『紅』的正確定義，於是那答案就理論上定實的了）。 我們平常知道普遍的原理，皆藉特殊例證的助力。 只有那些慣於從抽象上用功的人，才能不須例證的助力，立刻認識一條普遍的原理。

普遍原理外，還有別種由感覺直接得來的自明眞理，我們名他爲『知覺的眞理』，至於表達他的判斷，叫做『知覺的判斷』。 但是我們求知自明眞理的確當性質，是很要愼重的。那現實的『感覺與料』，既非眞，也非僞。 比方我看見一片特殊顏色，這片顏色僅是存在，與眞僞無關。　無疑世間有這樣的一片，無疑他有某種形狀和光度，無疑他四圍有別種顏色；但是那一片的本身，正如別種在感覺界的東西一樣，根本上與眞僞的東西不同，所以不能正當的說是眞的。　由此可見無論什麼可以由我們的感官得到的自明眞理，必定與那由感官所得的感覺與料不同。

知覺的自明眞理，似乎有兩種，然而在最後的分析上，兩種或者竟然可以聯爲一氣。第一種就是未嘗毫絲分析，而僅僅斷定感覺與料的存在。　我們看見一片紅色，從而斷定『有這樣這樣的一片紅色』或較嚴格的『這兒有他』；這是一種知覺的直覺判斷。　第二種發生於感官的複雜對象，並且稍爲分析過。　譬如，我們看見一片圓的紅色，可以斷定，『那片紅色是圓的』。　這又是一種知覺的判斷，不過與前種不同能了。　現在這一種，我們有一個單獨的感覺與料，這個感覺與料，包有形色兩樣：色是紅的，而形是圓的。　我們的判斷，分析與料爲形爲色，然後再把他們合起來，說那紅色是圓形的。　這種判斷的別個例子，比方『這是在那的右』，此處『這』和『那』似是同時的。　在這種判斷，那『感覺與料」包含互相關係的成分，這個判斷就確定這些成分有這種關係。

此外還有別種直覺判斷，與感官的遙遙相對，然而却與他很不相同，這種就是記憶的判斷。 關於記憶的性質，有些危險的混淆，因爲記憶一件東西常會與那東西的『餘像』(Image)相聯，然而餘像不能爲構成記憶的東西。 這事我們單注意餘像是在現今的，至於記憶中的東西，是在過去的，便很容易看見了。 復次，我們多少總可以把我們的餘像與記憶的東西相比較，所以我們在略爲廣闊的限度中，常常知道我們的餘像，有若何的確實；但這是不可能的，除非那餘像相反的東西，總有多少在我們的心裏。 所以記憶的體素，並不是由餘象所構成，惟由一件認爲過去的東西，直接呈現在心裏所組合。 但是從這種意義的記憶事實，我們該不認識世間竟有所謂過去，更無從而了解『過去』的名字，正知一個天生盲者不能了解『光』字無異了。 所以世間必有記憶的直覺判斷，而最後，我們一切關於過去的智識，就取基乎此。

然而記憶的事例，因爲他有昭然若揭的謬誤，於是乎發生一種困難，使直覺判斷的誠實性，不免有些搖動。這種困難，並不是很小的。今任我們之所能，首先縮小他的範圍。廣義的說來，記憶的可靠與否，與經驗的鮮明和時間的接近爲比例。如果半分鐘前，隔壁的屋子爲雷所擊，我記憶中所見所聞的東西，這麼可靠，若猶懷疑剛才有沒有過閃光，那就荒謬之至了。那較不鮮明的經驗，如其是近今的，都可以受同樣理論的支配。我絕對確知半分鐘前我所坐着的椅子，就是我現在坐着的椅子。回溯舊日的事情，我找出有些十分確知的東西，有些幾于確知的東西，有些藉思想和喚起當時的情景而變爲確知的東西，有些無論如何不能確知的東西。我十分確知今朝曾吃過早飯，但是如果我對於早飯，竟如哲學家一樣漠然不動於中，我應該就不能斷絕懷疑了。至於早餐中的譚話，有些我很易回憶起來，有些要用一點勉力，有些只是不敢自信，有些就完全不能記憶了。所以我記憶的東西之自明程度，有一個連綿的階級，而在我的記憶之誠實性上，也有相對的階級。

所以對於謬誤的記憶之困難的第一個答案，就是記憶有自明的程度，而這些程度與他的誠實性的程度相符合，誠實性的程度因我們對於東西的記憶，是近今的或鮮明的，達到完全自明和完全誠實的限度。

然而在記憶上，似有許多很堅固的信心，整個是假僞的。　這種事例，或者如此：凡是眞的記憶——從直接呈陳在心裏的意義說——與假僞的信心不同，雖然大槪不能完全與他脫離。　相傳喬治四世（George IV）極相信他曾身經滑鐵盧（Waterloo）之戰，因爲他常說他是經過的。　這個事例，他所直接記憶的，是他的反復斷述，那對與他所斷定的信心（如果是有），是與記憶起的斷述相聯合而產生，所以就不是一件眞的記憶。　謬誤記憶的事例，似乎或者一切都可以從這個法子說明他，易言之，從嚴格的意義講，這些都可以證出並不是記憶的事例。

關於自明有一個要點，已經用記憶的事件，爲之說明，這話就是說，自明有各種程度：這種程度並不僅是呈現或不現的一種性質，實是由絕對正確以至幾乎非感覺所能及的朦朧境界之連綿階級，可以多或少呈現的一種性質。　知覺的眞理和有些邏輯的原理，有極高的自明程度；直接記憶的眞理，亦幾乎有同一的高度，　歸納原理，比有些別的邏輯原理，如『

凡跟隨一個眞前提來的，必然是眞』，有較少的自明。記憶越遙遠和越朦朧，自明越縮少；邏輯和數學的眞理越複雜，自明越減省（廣義的說）。內在的道德學，或美學之價值的判斷，宜有些自明，但是不多罷了。

自明的程度在知識論極其重要，如果命題也許（如看來似是）有些自明的程度而不是眞的，可不必定要屏棄介於自明和眞理間的一切連繫，但只要，如果有一種紛糾的地方，那較自明的命題，要保留起來，至那較少自明的就排斥了去，便可以了。

兩種不同的總念，聯合在『自明』之中，如上邊所解釋，換言之，兩者之一有最高的自明程度，絕對可能爲眞理的保障，至於別者，與一切別的程度符合，却不是絕對的保障，不過是一種大些或少些的假定，似乎是很可以的。然而這僅是一種提議，這種提議我們仍不能有較大的發展。我們既把眞理的本質研究過之後，將囘到與知識和錯誤之分判相連繫自明問題。

第十二章　眞和僞

眞理的知識，有一個反對(Opposilo)，這個反對就是『錯誤』，所以他與東西的知識不同。以東西來講，我們只有認視他和不認識他，世間沒有心靈正面的情狀(Positive strte)，可以說爲東西的錯誤知識，所以無論如何，在『親識』一方面，東西的知識，是沒有錯誤的反對。凡爲我們所親識的，必定是某種東西；我們也許由這些親識的，提出謬誤的推論，但是親識本身不能有所欺騙。所以在親識上，是沒有二元的，然而在眞理的知識上，却就有二元了。我們既可以相信他是眞，也可以相信他是僞。有許多問題，各人對他簡直是『一人一義，十人十義，百人百義』，故有些信心，必然是錯謬的。從來錯誤的信心，其堅持正如眞正的信心無異，故怎樣把僞的同眞的分別清楚，就成爲一個困難問題了。比方在一件事上，我們怎樣知道自己的信心是不錯的？這是一個絕大困難的問題，圓滿的答案，是不可能的。然而倒有一個發端的問題，就是：我們所謂眞和僞有什麼意義？這個問題，差幸不如前者的困難，本章就討論這不發端的問題了。

然而本章我們並不是問怎樣可以知道一種信心是眞是僞：是問一種信心是眞是僞的問題

有什麼意義。我們固然盼望這個問題的清析答案，可以帮助我們獲得什麼信心是眞的問題之答案，但在如今，我們只問『什麼是眞？』和『什麼是僞？』不是問『什麼信心是眞』？和『什麼信心是僞？』這些不同的問題，很要分別清楚，因爲稍一混淆，就產生一個『牛唇不對馬嘴』的答案來了。

找尋眞理的性質，有三點是要注意的，這三種需要，任何的理論也必要履行。

（一）我們的眞理說，必要容許他的反對——僞。有許多哲學家，不能適當的滿足這個條件：他們依着我們一切思想以爲那些應該是眞的，就建立種種的理論，所以很難有僞的位置。在這方面，我們信心的理論，必要與我們親識的理論不同，因爲在親識的事件上，不必要說及任何的反對。

（二）從眞是與僞對立的意義說，如果沒有信心！就沒有僞，也沒有眞，這似是極其明顯的。譬如我們想像一個只有物質的世界，那麼在這個世界中，雖然他乘載那所謂『事實』(Facts)，但却沒有僞的立足地了；從眞是僞同類的東西之意義說，這個世界也不包涵任何的眞。眞和僞其實都是信心和陳述的固有性：所以僅有物質的世界，既沒有信心或陳述，那就也沒有眞或僞了。

(三)但與我們剛說的話相反，我們要注意一種信心的眞僞，常靠存在信心本身外邊的東西。如果我相信查理士一世(Charles I)死於斷頭臺上，我的相心是眞，這並不是因爲我的信心有任何的『眞性』——這種性質是僅靠攷察信心可以發見的——但因爲一件在二百五十年前發生過的歷史故事。如果我相信查理士一世『壽終正寢』，我的相信是僞：因爲我的信心中沒有鮮明的程度，或謹慎達到他的心理，阻止他不成其爲僞，並且因爲發生于從前的事情，而非因爲我的信心有任何內在的固有性。所以眞僞雖是信心的固有性，却是靠着信心與別種東西的關係之固有性，而非靠信心的任何內部之性質。

這第三種的需要，使我們採取哲學家中很適當的一種意見，以爲眞理在若干法式，是由信心和事實相符合而構成。然而找尋一種顛撲不破的符合之法式，決不是容易的事情。這不過是一方面，他方面又有人覺得如果眞理是由思想與思想以外的東西之符合構成，思想就永不能知眞理何時經已達到。所以有許多哲學家，因此想找出一種不含包在整個信心外邊的東西之關係的眞理定義。關於這類定義的最要企圖，就是眞理包含在『一致』(Coherence)內邊的理論。有人說僞的標誌不能與我們信心的定體相一致，惟有眞的體素能成爲圓通無礙的系統——這就是完全的眞理——之部分。

然而這種意見，也有一層大的困難，或者是兩層大困難。第一就是我們決沒有理由假定只有一個信心的一致定體是可能的。也許一個小說家，以豐富的想像力，創造一個與我們所知全合的過去世界，然而到底與眞的過去仍是兩樣。在科學上，我們確知時常有兩條或兩條以上的假設，說明同一問題的一切已知之事實，雖然在這樣的事件，科學家想找出除了一條假設外爲一切假設所支配的事實，這也沒有理由，爲什麼他們該當常常成功。

復次，在哲學上，兩種相反的假設同樣的可能說明一切事實，也並非奇特的。譬如有一種意見說『人生大夢耳』，外界所有的眞實程度，也不過發夢的對象所有的而止；雖然這種意見似不與顯著的事實相合，但我們却沒有理由，以爲常識所謂別人與東西眞是存在的意見，此勝於彼。所以拿一致爲眞的定義是不行的，因爲世間沒有憑據可以證明僅僅有一致的系統。

眞的定義之第二個駁論，就是他假定『一致』的意義爲己知，其實『一致』預先假定邏輯原則的眞理。兩個命題是一致的，他們倆可以眞，如不一致的，其一必定是僞。我們想知兩個命題能不能俱眞，必要知道如矛盾律那樣的眞理。譬如『這樹是山毛櫸』和『這樹不是山毛櫸』因爲犯了矛盾律，所以是兩個不一致的命題。但是設使矛盾律本身受一致的檢查，如果我們從他是僞的假定，我們應該見得世界上的東西，沒有不互相一致的了。所以邏輯原則爲骨架，而一致的檢查，是在骨架之內部的，所以他們本身不能由這種檢查而建立。

因爲以上兩種理由，『一致』雖然在若干眞理發見之後，常是眞理的一種最重要的檢查却不能承認爲說明眞理的意義。

所以我們不得不回到組成眞理本性的『與事實相符合』之意見。想求信心的眞實，我們現在只要確定『事實』是什麽意義，和介于信心和事實之間的符合是什麽性質就夠了。

依照以上三種需要，我們要找尋一種眞理論，這種眞理論（一）容許眞理有一個僞的反對（二）使眞理成爲信心的一種固有性，但（三）使他成爲完全靠着信心與外物關係的一種固有性。

第一種容許僞的必要，使眞理論不能以信心是心與一種單獨東西的關係，這一種東西當然可以說是所信的。如果信心是這樣看法，我們就該見得他像親識一樣，不能承認眞和僞的反對，但只有眞理了。這點可以拿例證爲之說明。阿西魯（Othello）以爲戴斯帶滿尼亞（Desdemona）戀愛嘉茜奥（Cossio），這種相信是錯了的。我們不能說這種相信包含在一個對象，『戴斯帶滿尼亞對於嘉茜奥的戀愛』的一種關係之中，因爲設使世間曾有這樣的一個對象，那信心便不會錯了。其實世間不曾有這樣對象，所以阿西魯不能與這樣的一個對象有任何關係。故此他的信心不能包含對於這個對象的一種關係之中。

也許有人說，他的信心是與一個別種對象『戴斯帶滿尼亞戀愛嘉茜奥』的一種關係；可是戴斯帶滿尼亞並不是戀愛嘉茜奥，那麼就不能假定世間有這樣的一個對象，正如不能假定有『戴斯帶滿尼亞對於嘉茜與的戀愛』一樣。所以我們最好是找一個信心的理論，這個理論不使信心包含在心與一個對象的關係之中。

通常雖以爲關係乃兩名辭間才有的，其實並不是常常如此。有些關係要三個，四個，或以上的名詞。譬如拿『介於』的關係爲例。這種『介於』的關係，只有兩個名詞是不行的：所以最少也要三個名詞才能實現。約克是介於倫敦和愛丁堡；設使世界上單有倫敦和愛丁堡，那就沒有什麼介於一個地方和他個地方。同是一樣，妒忌心也要三個人才行，如果不夠三個，便無從而有這樣的關係。譬如『甲盼望乙助進丙與丁的結婚』，這個命題牽動四個命辭的關係；換言之：甲乙丙丁都一齊出馬，如果不然，這種關係便無從表達出來了。像這樣的例證，非常之多，但這已經足以證明有些關係，是要兩個以上之名辭才能實現的了。

凡牽涉判斷或相信的關係，如果假僞是宜然容許的呢，就必要算是介於幾個名詞而非兩個的關係。當阿西魯相信戴斯帶滿尼亞戀愛嘉茜與，他心裏必不要只有一個對象『戴斯帶滿尼亞對於嘉茜奧的戀愛』，或『戴斯帶滿尼亞戀愛嘉茜奧』，如果是這樣，那就該有不靠任何心而獨立之客觀的假僞了；這種雖在邏輯上沒有什麽不可以，但却是如能避免就要避免的理論。所以如果我們判斷一種關係，看他是心和各個對象同時發生連繫，那麽假僞就容易說明了；換言之，當阿西魯相信戴斯帶滿尼亞戀愛嘉茜奧時，其中戴斯帶滿尼亞和戀愛以及嘉茜奧必定是關係中的一切名辭。於是乎這種關係，是四個名辭的關係，因爲阿西魯也是關係中的一個名辭。當我們說他是四個名辭的一種關係，意思並不說阿西魯對於戴斯帶滿尼亞有某種關係，和對於戀愛以及嘉茜奧有同樣的關係。然而除了相信的關係外，也許有別種是這樣的；但在相信上，顯然不是阿西魯對於每個名辭，惟對於一切名辭的關係：因爲相信的關係所牽涉的只有一個例子，而這個例子是把四個名辭連繫起來的。所以當阿西魯懷着他那信心的時刻，實際上那叫做『相信』的關係，是把四個名辭阿西魯，戴斯帶滿尼亞，戀愛，和嘉茜奧連繫成一種複雜的全體。凡所謂信心或判斷，不過就是把一個心與幾個東西——非東西自己——聯絡成這種相信或判斷的關係。一種信心或判斷的『發動』(aot

）是介於相信或判斷的關係中的若干名辭，在某特殊時間，發生出來的。

我們現在可以了解什麼是分判一個眞正判斷和一個假僞的判斷了。　我們更採取若干定義，來說明此事。　在每個判斷的發動，總有心爲之判斷，和有些名辭爲心所判斷。　我們將叫心是判斷的主觀，叫餘外的名辭爲對象。　於是，當阿西魯判斷戴斯帶滿尼亞戀愛嘉茜與時，阿西魯是主觀，至於戴斯帶滿尼亞和戀愛和嘉茜與俱是對象。　主觀和對象合起來叫做判斷的『成分』。（Constituents）　至於判斷的關係，我們將見得有一種所謂『覺性』（Sense）或『方位』（Direction）。　比喻的來講，他把他的對象排成某種秩序，這種秩序我們可以用句中言辭的秩序表示出來。　（在一種有語尾變化的言語（按如德俄文等）這事就用語尾變化，換言之，是用主格（Nominative）和受格（Accusative）的分別表示出來。　阿西魯的判斷以爲嘉茜與戀愛戴斯帶滿尼亞與他的判斷戴斯帶滿尼亞戀愛嘉茜與不同，因爲判斷的關係，把這兩件事的成分擱在一個不同的秩序，所以不論他以同樣的成分所構成的事實。　同是一樣，設使嘉茜與判斷戴斯帶滿尼亞戀愛阿西魯，判斷的成分仍是一樣，但他們的秩序有不同了。　這種『覺性』或『方向』的固有性，是判斷的關係與一切別的關係所共有的。　關係的『覺性』是秩序和排列的最後之源泉，且也是數學的概念之主宰；但這裏可不必對於這方面有所贅談了。

我們論及叫做『判斷』或『相信』的關係，說是把主觀和對象連繫成一種複雜的全體。在這方面，判斷正如別的關係無毫絲差異。　無論何時，一種介于兩個或兩個以上的名辭間之關係，他便聯合各個名辭成爲一種複雜的全體。　如果阿西魯戀愛戴斯帶滿尼亞，那就有如『阿西魯對於戴斯帶滿尼亞的戀愛』的一個複雜的全體。　關係所連繫的名辭，也許本身是複雜的，也許是簡單的，他全體連繫的結果，必是複雜的。　無論何處，有一種關係，連繫若干名辭，那就有這些名辭所組合的一種複雜對象；反過來說，無論何處，有一種複雜對象，那就有一種關係，連繫他的成分。　當一件信念的發動遇見時，那就有一種複雜，其中『相信』是連繫關係，而主觀與對象由相信的關係之『覺性』，排成某種的秩序。　對象之中，如我們討論『阿西魯相信戴斯帶滿尼亞戀愛嘉茜奥』所看見的，必有一個關係，這個例子的關係，就是『愛戀』。但是這個關係，當他在相信的發動中遇見時，並不是那創造主觀和對象搆成的複雜全體的統一之關係。『戀愛』的關係，當他在相信的發動中遇着時，是對象之一——他是結構中的一個塼，而非黏質。那黏質是『相信』的關係。如果這個信心是眞的，就有別個複雜統一，在其中關係連繫別的對象，且也是信心的一個對象。譬如說，如果阿西魯眞的相信戴斯帶滿尼亞戀愛嘉茜奧，是沒有錯的，於是就有一個複雜的統一（Complex unity），『戴斯帶滿尼亞對於嘉茜奧的戀愛』，這話只以信心的對象結成，其秩序與信心所有的一樣，從前是對象之一的關係，現在變爲聯合信心的別個對象之黏質。在另一方面，如果一種信心是假的，那就沒有只以信心的對象構成的複雜統一。譬如阿西魯假的相信戴斯帶滿尼亞戀愛嘉茜奧，那就沒有如『戴斯帶滿尼亞對於嘉茜奧的戀愛』之複雜統一。

所以當一種信心與某種連合的複雜相符合時，是眞的，反之是假的。爲確實計，假定信心的對象是兩個名辭和一種關係，而那些名辭由信心的『覺性』排成某種的秩序，於是乎設使在那秩序中的兩個名辭，由關係而聯成一種複雜，那信心是眞的；不然是假的。 這就是構成我們所找尋的眞和假的定義。 判斷或相信是一種複雜的統一，心是其中的一種成分；如果其餘的成分，依着他們在信心所有的秩序，組成一種複雜的統一，於是乎那信心是眞的；不然，是假的。

所以眞和僞雖是信心的固有性，然而却是外附的固有性（Extrinsicproperties），因爲一種信心的眞理，並不是與信心，或（大概）任何的一切心有什麽牽涉，但僅與信心的對象關連。 相信由於心，當世間有不牽涉心，而只牽涉他的對象的一種相符之複雜，他的相信便眞。 這種相符保證眞理，如不相符，便成僞妄。 所以我們同時敍述兩種事實，這些事實相信（一）靠着心的存在（二）不靠心的眞理。

我們可以把我們的理論復陳如下：譬如我們拿這種信心如『阿西魯相信戴斯帶滿尼亞戀愛嘉茜奧』，我們叫戴斯帶滿尼亞和嘉茜奧爲『對象名辭』，而戀愛爲『對象關係』。 如果有一個複雜統一『戴斯帶滿尼亞對於嘉茜奧的戀愛』，包含對象名辭，而爲對象關係所連繁，其秩序如他們在信心所有的同樣，於是這個複雜統一就叫做『事實與信心符合』。（Fact corresponding to teh belief）。所以一種信心是眞的，在乎有一種符合的事實，是僞的，在乎沒有符合的事實。

我們由是將可以知道心並不創造眞或僞。他創造信心，一旦信心已經創造成功，心就不能使他眞或僞，除非是關於未來的特殊事件，如趕得上火車等，在信人的能力之內邊哩。凡造成一件眞的信心是一種事實，而這種事實並不（除非例外的事件）與那有這信心的人之心有什麼牽涉。

以上既已決定我們所謂眞和是僞什麼意義，第二步就要審量有什麼方法知道這個或那個信心是眞是僞了。所以下章便專爲此而作。

第十三章　知識，錯誤，和或然的意見

我們在前章所討論的『我們所謂眞和僞是什麼意義』的問題，殊不如『我們怎樣才能知道什麼是眞和什麼是僞』的問題之興趣濃厚。本章要討論的，就是這個問題。我們的信

心有些是錯誤的，這話毫無可疑；所以我們不能不問那樣的信心，是確知沒有錯誤的？換言之，我們能認識些東西嗎？抑或有時僅僅僥倖相信什麼是眞的呢？於未曾解答這個問題以前，我們必先決定所謂『知』是什麼意義。然而這個問題決不是很容易的。

驟然看去，我們也許想像知識的定義，可以說是『眞的信心』(True belief)。當我們相信什麼是眞時，也許假定已經達到我們所相信的一種知識。但是這種意義，與平常用這字的途徑不同。今取一個平平無奇的例證來說：如果一個人相信前任國務總理的姓名是冠以巴字，他的相信不錯，因爲前任總理原來是巴納文 (Sir Henry Cambell Bannerman)。設使他相信巴勞夫 (Balfour) 是前任總理，他仍是相信前任總理的姓名冠以巴字，但是這種信心，雖然是眞，却就不能算是構成知識的了。如果一間報館，在未接到任何電報之前，以靈敏的豫料，宣佈一場戰爭的結果，也許他所宣布的，僥倖獲中，並且引起一部分淺見者的信心。然而姑無論他們的信心是眞的，却不能說是有知識。由此便可以明白一種眞的信心，並不是由假僞信心演繹而來的知識。

同是一樣，一種眞的信心，若是用謬誤的推理作用演繹出來，縱使他所根據以演繹的前提是眞的，亦不能叫做知識。如果我知道凡希臘人是人，而蘇格拉底是一個人，於是推論蘇格拉底是一個希臘人，我不能算做知道蘇格拉底是一個希臘人，因爲我的前提和斷案雖然是眞，但斷案却未嘗跟前提而來啊。

然而我們可不可以說，除了那由眞前提妥當的演繹出來之外，都不是知識呢？我們斷斷不能說這話。這樣的一種定義，旣失之太寬，同時又失之太狹。第一，爲什麼說他太寬，因爲我們的前提是眞的還不夠，所以也必要是已經知道的才行。相信巴勞夫是前任總理的人，可以由前任總理的姓名冠以巴字的眞前提，得到妥當的演繹，但他不能算是知道由這些演繹達到的斷案。所以我們要說『知識是由已知的前提妥當的演繹出來之東西』，以補正上邊的定義之缺點。然而『已知的前提』之意義，是假定我們已經知道的，那也不過一條循環的定義而止。所以我們最好是確定與直覺知識相反的那類引申知識。這類知識，可以定義爲『引申的知識是些由直覺知道的前提，妥當演繹出來的』。雖然這樣說法，沒有什麼缺陷，但是直覺知識的定義如何，尚待探究。

今請把直覺知識的問題擱下片刻，先行討論上邊提出來的引申知識之定義。 這種定義的為首攻擊，就是以為他把知識的範圍限制太過。 常人所由以懷抱一種真的信心，因為他們有片段的直覺知識，可以由此而加以妥當的推論，不過實際上未嘗由邏輯的方法去推論罷了；這是常常遇見的。

譬如拿讀報所發生的信心為例。 如果報紙上宣布國君薨逝，我們自然信以為真，因為這類的宣告，倘若是假的，不會宣布出來；所以我們這種相信，也是很有道理的。 但是這裏我們信心所根據的直覺知識，是感覺與料之存在的知識，這種感覺與料是由看見登載新聞的報紙得來的。 這種知識，除了那讀得不甚暢順的人外，很少進到意識 (Consciousness) 裏邊去。 一個小孩看報，先認識字母的形狀，然後漸漸經過困難，得知他們的意義。 但是慣於讀書的人，一看就了解他們的意義，若不以反省之力，便不知由看見報紙上的文字之『感覺與料』，得到這種知識。 所以由文字的妥當推論，獲知他們的意義，雖是可能，和可能由讀者做到，但是其實並非做到，因爲在實際上，他未嘗做到任何能稱爲邏輯的運用。然而若說讀者不知道報紙宣布國君薨逝的死訊，那就說不過去了。

所以不論直覺知識的結果如何，或僅是由聯合而來的，如果其中有妥當的邏輯貫聯，本人又能靠反省之力，深知這種貫聯，我們就必定要承認是引申的知識。　我們由一種信心，跑到別種信心，除了邏輯的推論外，其實還有許多法子：譬如讀報而得知他所登載的新聞之意義，可以用『心理的推論』來說明他。　如果有一個可發見的邏輯推論，與心理的推論平行，我們方承認這種心理的推論是獲得引申知識的法子。　這話使我們引申知識的定義，不及我們所想望的那麽確實，因爲『可發見』的意義，甚爲薄弱：他沒有告訴我們要幾許的反省，才能彀發見。　但其實『知識』並不是一個確當的概念：他與『或然的意見』互相牽涉，本章討論下去，便見其詳了。　所以一種極精確的定義，可以不必定要找尋，因爲任何的這種定義，多少總不免有些錯誤的。

然而關於知識的最大困難，非由引申知識，實由直覺知識發生。　我們以上既討論過引申知識，背後還有直覺的知識是要檢查的。 但是論到直覺的信心，我們想找出任何的標準，用以分別何者是眞，何者是僞，也並不是很容易的。 一切眞理的知識，究不免有些可疑的程度，，設使有一種不懂得這種事實的理論，自然流爲錯誤，所以關於標準的問題，幾乎不能達到若何十分確當的結果。 然而我們總可以盡力之所能及，減輕這個問題的困難。

自明眞理是顚撲不破的，我們的眞理說，便供給分別若干這種眞理的可能力。 我們以爲凡一種信心是眞的，必有一種符合的事實，在其中那信心的幾種對象，組成一種『單獨的複雜』(Single Complex)。 如果信心履行本章討論過的略爲薄弱之條件，就算組成這事實的知識。 除了以信心組成的知識外，論到任何事實，我們也可以有由那以『知覺』從這字能有的最廣之意義來說）組成的知識。 譬如，倘若你知道日落的時刻，你就在那個時刻知道『斜陽西墜』的事實：這是由眞理的知識而得到事實的知識；如果天色甚佳，你也可以瞧瞧西方，眞正瞧見那西墜的太陽：於是乎你又由東西的知識，知道同樣的事實了。

所以論到任何複雜的事實，理論上有兩條法子可以知道他：(一)用一種判斷，這種判斷要判斷他的各部分聯貫着，正如他們實際上聯貫着一樣。（二）用親識的法子，要同複雜的事實自身親識，這事可以叫做（廣義來說）知覺，不過他並不限於感官的對象罷了。我們如今要注意認識複雜事實的第二條法子——親識的法子——當世間眞有這樣的事實，才有可能，至於第一條法子呢，又像所有的判斷一樣，是極易錯誤的。第二條法子使我們得知複雜的全體，所以惟在他的部分，眞正有那種使他們聯合成爲這樣的複雜之關係時，才有可能。反之，第一條法子，使我們得知部分和各自的關係，他所要求的只是部分和關係的本體：故關係聯絡各部分的途徑，或竟與判斷的不同也是有的。

第十一章末了，我們曾提出兩種可有的『自明』(Self-evident)，第一種是眞理的絕對保證，第二種僅是偏面的保證。這兩類如今可以分別淸楚了。

從第一種和最絕對的意義，一種眞理是自明的，就是事實與眞理符合，其中的事實是我們所親識的。當阿西魯相信戴斯帶滿尼亞戀愛嘉茜奥，如果這種信心是眞的，那符合的事實、就是『戴斯尼帶尼亞對於嘉茜奥的戀愛』。這種事實除却戴斯帶滿尼亞外，無人能彀親識；所以從我們討論的自明意義來說，戴斯帶滿尼亞戀愛嘉茜奧的眞理，（設使是一種眞理）只能由戴斯帶滿尼亞自明。　一切精神的事實，和一切關於『感覺與料的事實，都有這類的『私向』：因爲精神的東西，或所關係的感覺與料，只有一個人可能親識，所以從現在的意義說，只有一個人能夠自明。　反之，關於共相的事實，就沒有這種『私向』了。　許多心可以與同樣的共相親識；所以介於共相的一種關係，許多不同的人都可以由親識而得知。　在各種事件上，我們由親識知道一種複雜的事實，這種事實包含在某種關係中的某種名辭，因而說這些名辭如此聯貫着的眞理，有第一種和絕對類的自明，而在這些事件，那判斷以爲名辭如此聯貫着，必定是眞的。　於是乎這類的自明，是眞理的一種絕對保證。

這類的自明，雖然是眞理的絕對保證，但却不能使我們在任何的確定判斷上，絕對確知這種判斷是眞的。　太陽光照，是一種複雜事實，假定我首先看見他，於是進而下一個判斷說『那個太陽是光照着』。　這裏由知覺而進到判斷，必要把那複雜的事實分析開，以爲『太陽』與『光照』是這事實的成分。　這種過程很能犯着錯誤；所以縱使一種事實有第一和絕對類的自明，而一種相信與事實符合的判斷，並不是絕對沒有錯的，因爲他也許不當眞與事實相符合。但是如果他竟然符合（從上章所解釋的意義），於是他必定是眞的了。

第二類的自明，就是屬於第一類例證的判斷，且不是得自對於一件單獨複雜全體的事實之直接知覺。這第二類的自明，是有程度之分，故在信心上，高的極高，低的極低。譬如一匹馬，從我們所站立的地點，踏着硬道往前跑。首先馬蹄的的底聲音；我們確知完全聽見的；久之，倘若我們注意遠聽，漸覺這是一種想像，或是心跳之類；最後，就疑惑究竟曾有聲音沒有了；於是自思再不能聽見有聲了，末了，便知道再不能有聲音了。在這種過程之中，有一個自明的連續階級，由最高的程度，以至最底，他不是在『感覺與料』自身，但在根據於『感覺與料』的判斷。

譬如又拿一種藍色和一種青色來比較，我們確知這兩樣是否不相同的；但是如果青色漸漸變成與籃色相近，第一步變成藍青，第二步變成青藍，第三步逐成藍色，其中就有一個時刻，我們疑惑是否看見藍青有若何區分的了，又到一個時刻不能看見若何區分的了。徵諸音樂的聲音，由最高的節奏，以至於餘音繞室，不絕如縷，或別種有連續段階的事例，都是如此。所以這類自明是有程度的，程度愈高則確度愈準，反之，程度愈低則確度愈減，這是自然的。

在引申的知識上，我們最後的前提，必要有若干程度的自明，至於由前提演繹出來的斷案，其貫聯中，也要同樣的自明。比方拿幾何學上的推理來看，我們見得不特所根據的原理，應該是自明的，而且每段的推理，前提與斷案的聯貫，也必要是自明。在困難的推理上，這種貫聯，常不過有很小度的自明；所以如果困難是很大的，推理的謬誤，就必非或然的了。

論到直覺知識和引申知識，就以上所說，已經可以證明，如果假定直覺知識的確實，與他的自明程度爲比例。那麼這個確實有一種階級，由靠得住的感覺與料之存在，和可信爲十分確實的算術和邏輯之簡單原理起，以至於那些僅像比他們的反對可信的判斷止。我們所確信的東西，如果是眞的，稱爲『知識』，無論他是直覺的或由直覺的知識，邏輯的推理出來（邏輯的或心理的）都是一樣。我們所確信的東西，如果不是眞的，名爲『錯誤』。我們確實相信的，如果既非知識，也非錯誤，和那我們不敢確實相信的，因爲他不是由最高的自明程度得來，可以叫做『或然的意見』（Probable opinion）。由此可見我們平常遇着的大部分所謂知識，其實多少是或然的意見。

『一致』是我們以爲不配做眞理的定義的，然而論到或然的意見，却可以用他做標準，可望有很大的助力。一團獨立的或然意見，如果互相一致，總比他們各自獨立的或然性大。所以有許多科學的假設，就由這個途徑獲得他們的或然性。他們適合一個或然意見的一致系統，於是乎比他們各自孤立有較大的或然性。普遍的哲學假設，也是如此，這種假設，如施於單獨事件時，大有可疑，但細審他們能施於一團的或然意見，如果是有秩序的一致的，就變成十分確實了。這話尤其適用於夢境和淸醒生活的分別。如果我們的夢境，一晚復一晚，都與白天的生活相一致，那就很難知道那是夢那是醒。所以一致的檢查，判定夢境與醒時生活不同。但是這種檢查，雖然在成功時，或然性增加，却永沒有絕對的眞確，除非在一致的系統，早已有些確定性。所以或然意見的純粹組織，他自身永不能變成顛撲不破的知識。

第十四章　哲學知識的限度

我們以上關於哲學所講的一切議論，幾乎沒有論到在大多數哲學家的著作中占大部分的許多問題。大多數的哲學家——或無論如何，也有許多——自信以爲能用先天的玄學推理，證明這種東西，如宗教的根本教義，宇宙本質的理性，物質的迷妄，一切罪惡的不實在，等等。無疑找尋這種題目的理由之希望，是許多『强聒不舍』『終身與之』的哲學者最大的原動力。然而這種希望，我以爲是妄想的。宇宙全體的知識，似於玄學所能得到，有許多用邏輯原則的擬議證據，以爲這樣那樣的東西必定存在，那樣這樣的不能存在，其實敵不住一種批評的考察。本章將略略審量這種已經企圖過的推理之途經，希冀找出他們是不是『壁壘森嚴』的。

我們想考驗的那種見解，在近世最大的代表者，就是黑格兒（Hegel 1770–1831）。黑格兒的哲學非常困難，一般評論者對於他的眞解釋，也人各異義。　我如今採取的解釋，縱使不是大多數，也是許多評論者所公認，和有貢獻一種有趣和重要的哲學樣式之功績。　他的『主題』(Thesis)就是凡物短於『全』(Whole)的，分明是片段的，所以如果沒有世界其餘的爲之補足，顯然不能存在。　據黑格兒所見，一個玄學家看見本體的任何段片，便知全個本體必定如何，不然最少也知道他的大略，正如一個比較解剖學者，看見一條骨，知道那全個是什麽類的動物一樣。　本體各塊明明白白分開的段片，各各有鈎，互相鈎連，如此類推，直至把全個宇宙改造成而止。　據他的意思，以爲這種本質的不完全，不特現於思想界，也一樣的現於事物界。　在思想界，如果我們取一個抽象或不完全的任何觀念，加以攷察，便知如果忘却他的不完全，就牽涉到矛盾上去；這些矛盾，把這個觀念轉成他的反面，或『反題』(Antithesis)；今欲逃避，我們又要找一個新的和較完全的觀念，這個觀念是我們原始的觀念的總題(Synthesis)和他的反題。　新的觀念雖不如我們出發的觀念那麽不完全，但仍不是全個完全的，今又進到他的反題，這個反題必要與一個新的總題相聯合。　黑格兒從這種途徑進行，等到達到『絕對的觀念』而止，所謂『絕對觀念』，依他來說，是沒有不完全的，沒有對待的，且無須乎往前發展的。　所以『絕對觀念』，宜於說明『絕對本體』（Absolute Reality）；但一切較低的觀念，只說明那現於各人偏見的本體，而不是現于那同時測量『全體』的人。　所以黑格兒的斷案，以為絕對的本體，組成一種單獨諧和的體系，不在時間，不在空間，毫無罪惡，只有整個是合理的，整個是精神的。　所以他相信我們所知的世界的任何反面之顯象，可以邏輯的證明完全原於我們對於宇宙一片一段的見解而來。如果我們看見宇宙全體，像我們假定主宰看見他那樣，所謂時間，空間，物質，罪惡，與乎一切凌轢，競爭，就雲散烟銷，我們就應該只看見一種無始無終，不生不滅，的精神統一。

這種概念，自然有些高妙之處，我們也想俯首承認的。　但是他所持的辯證，一旦小心攷察一番；就顯出牽涉許多紊亂，和許多靠不住的假設。　這個系統所由建立的根本原理，就是凡不完全的，必然不是自持的，故必須依傍別的東西之助力，才能存在。　他主張凡與外物有關係的東西，他自己的本性必然含包外物的若干『參照』（Reference），所以倘使外物不存在，他自己就不是這個樣子。 譬如一個人的本性，是由他的記憶和其餘的知識，以及他的愛情，憎嫉等等搆合而成的，所以世間如果沒有那識愛，憎的東西，他便不能如現在的樣子。 他本質的和顯然的是一個片段：以本體的全數來看，他便自相矛盾了。

這全個見解，雖說到一件東西的『本性』的總念上去，意思卻像說，『關於東西的一切眞理』。 一種連繫兩件東西的眞理，如果一件東西不存在，他便不能存在，這自然是眞的。 但是關於一件東西的眞理，並不是東西本身的一部，然而照依上邊的用法，他必定是東西『本性』的一部。 倘使我們所謂一件東西的『本性』，意思是說東西的一切眞理，那就明白，除非我們知道宇宙內一切東西與一切別的東西之關係，才能知道一件東西的『本性』。 但是倘使『本性』二字是從這種意義來說，我們可以堅持這個見解，以爲當着不知東西的『本性』時，或無論如何也不能全知，而東西仍可以爲人所知。 這裏用『本性』二字，就介介於東西的知識和眞理的知識間生出一種淆亂。 我們也許以親識而有一件東西的知識，縱使我們關於他的命題，知道很少——理論上我們無須乎知道關於他的任何命題。 所以與一件東西親識，並不牽涉他的『本性』——從上邊的意義——之知識。 雖然與一件東西親識，牽涉關於一件東西的任何一個命題，但關於他的『本性』——從上邊的意義——之知識，是不會牽涉的。 所以(一)與一件東西親識，並不邏輯的牽涉他的關係之知識(二)若干他的關係之知識，並不牽涉他一切關係的知識，亦不牽涉他的『本性』——從上邊的意義——之知識。 譬如，我的牙痛我可以親識，而這種知識，可以盡『親知』能有的那樣完全，因不必知道牙科醫士(他不與我的牙痛親識)所能告訴我關於他的原因，所以就不必知道他的『本性』——如上邊的意義之所云云。 可見一件東西有關係，並不證明他的關係都是邏輯的必要的。 換言之，純由他是那件東西的事實，我們不能演繹出他必定有各種關係，如他實際上所有的一樣。 這種不過是似乎有的要得出來的，因為我們早已經知道他。

所於我們不能證明全個宇宙，搆成一個單獨的諧和體系，如黑格兒相信的一樣。 倘使我們不能證明這個，便不能證明空間，時間，物質，和罪惡的不實在，因為這是黑格兒由這些東西的片段和關係的性質演繹出來的。 於是乎我們仍不能不把世界割成一片一段的去研究，至於宇宙非我們所能經驗的那部分之性質，就非我們所能知。　這種結論，對於那些受了哲學家的系統所引起的希望，誠然不滿意得很，却是與我們現代的歸納和科學的趨向相調和，並且是由人類知識的整個攷驗所孕育出來，這種攷驗已占盡本書的前部了。

玄學家許多野心的企圖，就是推證現實世界這樣那樣的顯著狀態都是自相矛盾的，所以斷定不能是眞實的。　然而近代思潮的整個傾向，却是趨於證明這種假定的矛盾，都是迷妄的，且由所有必有的討論，能證明先天的很少。　空間和時間便給我們一個很好的說明。空間和時間的限度分明是無窮的，而分析也是無盡的。　比方我們從一根直線的一端爲發脚點，很難相信能達到那端最後的一點，出乎此點之外，就沒有東西，連虛空的空間也沒有。同是一樣，比方在想像上，由時間回溯而上，或順流而下，也很難相信會達到一個最先的或最末的時間，出乎這兩端以外，連虛空的時間都沒有。　所以空間和時間的限度分明是無窮無盡的。

復次，在一根線上任取兩點，無論這兩點的距離，如何接近，但介於其間必有別的點在；因爲各個距離可以分爲兩半，一半又可分爲兩半，如此以至於無窮。其於時間亦然，兩個剎那之間，雖然逝得很快，分明其中必有別的剎那。所以空間和時間顯然是分析不盡的。但是哲學家提出的辯論，要證明世間沒有無窮集合的東西，故空間的點數，和時間的剎那，必定有盡的，與上邊限度無窮，分析無盡的彰明昭著之事實相違。於是乎介於空時的彰明昭著之本性，和那無窮集合的假定之不可能，遂有了一種矛盾。

康德最先注重這種矛盾，演繹出空間和時間的不可能，且明言這祇是主觀的；所以自此以後，許多哲學家相信空時都僅是顯象，並非世界眞有的特質。但是現在以數學家的發見尤以堅多 (George Cantor)爲卓著，已經證明無窮集合爲不可能說是謬誤的了。他們在實際上本沒有自相矛盾，不過只與某種過於褊執的精神之成見矛盾罷了。於是乎把空時當作不眞的理由，變成無用，而玄學的搆造的一個大源流，那末就變成乾涸了。

然而數學家不以證明平常假定空間爲可能，便算滿意，他們並且證明有許多空間別的形式，都可以用邏輯證明，有同樣的可能。有些幾何的原理，常識以爲必然的，哲學家從前也以爲必然的，現在知道他們的必然之顯象，不過得自我們與現實空間的習熟，而非得自若何先天的邏輯基礎。 想像一個世界，在其中這些原理變爲假僞的，數學家曾用邏輯闢除常識的成見，和指出空間的可能性，多少與我們現在的世界有些不同。 這種空間有些與幾何的空間——如我們所能量度的距離——相差得如此之少，用觀察法便不能發見我們現實的空間是不是嚴格的幾何的，抑或是這些別類的一種。 如此這個位置就完全倒過來了。 從前經驗只有一種空間留給邏輯，而邏輯證明這一種是不可能的。 如今邏輯呈現好幾種離經驗而可能的空間，而經驗不過偏面的決定他們罷了。 所以當我們『何者是』的知識，比從前所假定的縮小。我們『何者可以』的知識，遂大加增廣。 於是乎前日崇垣固鎖，只向僻偶隙縫去開掘的風氣，一變而爲有自由能力的天空海闊之世界，這個世界未知的仍有許多，因爲要知的是有許多的。

凡見於時間空間的事項，也有發生於別方面的。 那用先天原理來規範這個宇宙的企圖已經失敗了；從前邏輯祇是可能性的罣礙，現在已經變爲思想的大解放者，呈現出無數的變更，這種變更是貼近着那不反省的常識的，又離開了他，在邏輯給我們的許多世界當中，去實驗那判斷的功夫，這裏判斷是可能的。所以關於何者是存在的知識，變爲不能出乎經驗所能知的範圍之外——並不是我們直接經驗的，我們已經知道，關於東西的知識，有許多從摹述得來，我們是沒有直接經驗過的。但在『述知』的一切事件上，我們須有共相的若干連繫，方使我們由這樣這樣的與料，推論出我們所包含的某類東西。所以論到物件，譬如那感覺與料是物件的符徵之原理，本身是共相的一種連繫，惟用這種原理，經驗才能使我們獲得關於物體的知識。同樣的道理適用於因果律，或較不普適的，如萬有引律的那種原理。

萬設引律的那種原理，是由經驗與若干完全先天的原理，如歸納的原理，聯合起來，才證明，或使他有很高度的或然性。所以我們一切眞理的知識之總源的直覺知識，有兩部分：(一)純粹經驗的知識，這種知識告訴我們所親識的特殊東西之存在，和若干的固有性，至於(二)純粹的先天知識，這種知識給我們介於共相間的連繫，和使我們由經驗知識所告訴我們的特殊事實，引出推論。我們的引申知識常是靠依若干純粹的先天知識，通常也依傍有些純粹經驗的知識。

倘使以上所講的哲學知識，是沒有錯的，那麼他與科學知識，沒有什麼本質的差異。本來智慧的來源，哲學與科學，同出一點，哲學所得的結果，與科學所得的也沒有根本的不同。 哲學最重要的特性，使他與科學的研究分線的，在乎『批評主義』。 他批評的攷驗科學和日常生活所採用的原理；找尋出這些原理也許有的參差，若要他承認他們，他必先要經過一番批評的研究，不發見什麼可反對的理由才行。 倘使像許多哲學家的意見，以爲科學所根據的原理，當着不斷斷然於不適用的一點一滴時，可能告訴我們關於宇宙全體的知識，這種知識自然值得我們的相信，如同科學一樣；然而我們的研究，還沒有發見這種知識，故此那些大胆的玄學家之特別主張，大多是只有否定的結果。 但是對於通常承認爲知識的，其結果大都是肯定的：我們很少見得有理由去反對批評主義之結果的那樣知識，更見得沒有理由假定通常相信是有那類知識的人，而今是不稱職的。

然而我們說哲學是批評主義的知識，也必要有些邊際。 如果我們完全採取懷疑的態度，把自已完全擱在一切知識之外，且由外面的立脚點，設種種的疑問，被逼而回到知識的圈子裏來，那麽，我們就找求什麽是不可能的，而懷疑主義也就永遠不能反對了。 因爲一切反對，必由某片知識爲出發點；空空洞洞的懷疑，無論何種辯證都無從發生。 所以哲學採取的批評主義之知識，倘若要得到結果，必不是破壞的那類。 靠着這種絕對的懷疑主義，什麽邏輯的辯證也無從進行。 然而這種懷疑主義是不合理的，亦不難發見。 近代哲學發端的笛卡兒之『方法的懷疑』，並不是此種，却是近於我們承認爲哲學之體素的那種批評主義。 他的『方法的懷疑』，在於凡似可疑的，就要懷疑；在反省上，問一問自已，如覺得確知每塊分明的知識，他就止步。 這種是搆成哲學的批評主義。 有些知識，如我們的『感覺與料』之存在，無論如何鎮靜和徹底的來思索他總是顛撲不破的。 關於這種知識，哲學的批評主義未嘗叫我們要捐除信仰。 但是有些信仰——譬如相信『物體』和『感覺與料』完全類似——如非回索時，便以爲然，但精密的審查一番，便見得這種信心是謬誤的了。這種信心，哲學是叫我們反對的，除非找得新的辯證法，持之有故，言之成理哩。 但是反對不像有可反對的信仰，雖然我們怎麼樣深刻的考察，也找不着理由來，是不合理的，並且也非哲學所主張。

簡言之，批評主義的目的，並不是毫無理由而尤斷斷然定要反對，但在於討論每片顯著的知識，不理沒了他的好處，當這種討論既已完畢，還是保留那仍像是知識的東西。人類是不能沒有錯的，所以犯着錯誤的危險，也必要承認。哲學的本務，正在於減縮錯誤的危險，有時他把危險縮至很小，使實事上都不及注意。在這個錯誤必定發生的世界，做多過這點，是不可能的；而多過這點，也沒有哲學的審愼主張，說是已種做到了的。

第十五章　哲學的價值

我們對於哲學問題的簡略和極不完全的評論，已經完了，如今在結論中，最好討論一下，看什麼是哲學的價值，和爲什麼要研究他。因爲許多人受了科學或實際事務的影響，以爲哲學不過是一種瑣屑無用的毫鋩瓶之分別，和在知識不可能的事件上打官司，其去無害的事情，間不容髮，所以我們更不得不把這個問題研究一番。

這種對於哲學的意見，一半由於誤解人生的正鵠，一半由於誤會哲學所要達到的善。物質科學，以發明爲媒介，對於無數完全不懂得他的人，是有用的；所以物質科學的研究，爲世人所欣慕，固然不僅因爲他對於學者有效驗，並且對於一般人類有效驗。這種實用與哲學是沒有關係的。如果哲學的研究，對於一般人類也有幾許價值，那必定不過是間接的，從他對於研究他的人之效驗上生出來罷了。所以如要找哲學的價值，先要從這種效驗裏去找。

進一步說，如果我們眞要確定哲學的價值，必要先把所謂『實際家』的謬誤名稱之成見，置之九霄雲外。通常這個名詞是指一般只承認物質的須要，深知人類必要食物來養他的肉體，却不知心靈也要食物的人而說。然而假使人類同登富裕之域，貧病減至可能的最低點，還要做許多事情，去產生一個有價值的社會；就在現在的世界，心靈的食物最少也與身體的食物有同樣的重要。所以論到哲學的價值，要專就心靈的食物去求，也只有那些對於這兩種食物，一視同仁的人，才能令他相信哲學的研究，不是耗費光陰的事情。

哲學與一切別的研究，同是以求得知識爲鵠的。他所要得的知識，是集合一切科學，造成統一的體系，和對於信仰與成見的根據，加以批評的考驗之知識。但哲學對於他企圖解答的問題，還不能說有怎麼大的成功。如果對於一個數學家，礦物學家，歷史學家，或是什麼別的學家，問他所研究的科學，得了多少確定的眞理，他便可以口如懸河的回答。倘使以同一問題，質問一個哲學家，如果他是忠誠的，一定承認他的研究還沒有得到像其他科學所得的結果。這種事情，一部分誠然由於一種科目的知識，一旦確定，不再叫做哲學，而獨成分科。天體的研究，從前包括哲學之內，而今屬於天文學了；牛頓（Newton）最大的著作，也叫做『自然哲學的數學原理』。同是一樣，人心的研究，直到現在，還是哲學的一部，現今也脫離他而成爲心理學了，所以哲學的不確實，大概他的表面雖是如此，骨子裏實有不然的，因爲凡是已經確實解答的問題，都放在科學裏，至那到了現在還沒有明白解答的，剩下來稱爲哲學。

然而這不過關於哲學不確定的情實之一部分，此外尙有許多問題，其中有些和我們精神生活最有趣味的，就我們所能見，必要等到人的智慧力量，與現在的完全不同，才能解決。譬如：宇宙有沒有統一的計劃或目的，抑或只是原子的偶然集合呢？ 意識是不是宇宙不變的部分，使智慧有無限增加的希望，抑或在一個生活終必歸於不可能的小行星上的一種遷移之現象？ 善惡對於宇宙是重要的呢，還是只對於人類是重要的？ 這種問題，都是哲學所要問的，但哲學家的答案，也人各不同。 然而姑無論答案能發見與否，哲學所提出來的答案，却沒有一個可證明爲眞實的。 但是發見答案的希望，雖然很少，却是繼續討論這些問題，使我們知道他們的重要，考驗一切近于他的途徑，保存宇宙內的思辯之興趣，使他不爲限制着我們的固定之知識所困死，總是哲學事業的一部。

許多哲學家固然曾經主張哲學可以建立解答這種根本問題的眞理，他們以爲宗教信仰中最重要的，可以用嚴格的證明，顯其正確。 今欲評判這種企圖，必要測定人類的知識，知道他的方法，明白他的邊際。 對於這種討論，獨斷是不智的；然而我們以上的研究，倘或不致使我們跑入岐途，那麽求宗教的信仰於哲學的證明之希望，就不得不割愛了。 所以我們不能把這種問題的有定答案，包括在哲學價值裏邊。 重言之，所以哲學的價值，必不靠研究者要獲得的假定確立之知識。

哲學的價值，其實大體就要向他那極不確實裏去找尋。 未受哲學色彩所洗禮的人，終身也不過困在成見裏頭，這種成見是由普通常識，或由他那時代或國家的習慣信仰，和由不經思考的承認或協助，遂死信不疑而來。 所以這種人以爲世界是固定的，有窮的，顯然的；尋常的東西，既不會引起他們的疑問，而不習見的可能性，遂也爲他們所排斥了。 一旦我們起來作哲學的思索，像我們在本書發端諸篇所見，雖極平常的東西，也發生許多問題，爲我們所不能完全解答的。 哲學雖不能實實在在告訴我們，什麼是他所引起的疑問之眞正解答，却能提出許多可能性，以擴大我們的思想，脫離習俗的羈絆。 所以哲學一方雖減少我們確定萬物是什麼的感知，他方却增加我們對於萬物可以是什麼的知識；又可以使從來未遊過解放的懷疑領域的人，排除那驕傲的獨斷主義，並且指示習見的東西，彷彿在一個不習見的觀點之中，以保存我們好奇的感性。

　　除了他指示意外的可能性之功用，還有一種價值，或者他的最要之價值，就是他所潛思的對象之偉大，結果，便解脫了偏狹的和個人的目的。　本能的人(Instinctive man)之生活，是局閉在他個人利益的圈子之裏頭：家庭和朋友雖可以包括在內，但那外界，除非是帮助或阻礙那本能的慾望，不然就置之不理了。　這種生活是熱中的固蔽的，比較起來，哲學的生活是幽靜的自由的。　本能利益的私世界是一個小的世界，擱在一個大而有力的世界中間，遲早必把我們私的世界，磨成粉碎。　我們若不擴大自己的利益，彙涵那外面的整個世界，就好像一個兵卒困在礮臺裏邊，知道敵人不準逃跑，投降是不可避免的一樣。　在這樣的一種生活安樂是沒有的，只有慾望的固執和意志的無力，兩相不斷的爭鬥罷了。　我們的生活若是要偉大和自由，必須尋些法子，逃避了這種囚獄和爭鬥才行。

　　哲學的潛思就是逃脫的一種法門。　這種潛思，照他最廣的測度，不把宇宙分爲對壘的帳營，何者是友，何者是敵，何者應該互助，何者應該攻擊，何者是善，何者是惡，他都不管，惟有等量齊觀，正而不黨。　哲學的潛思，當純然淨一的時候，絕無心志要證明其餘的宇宙，是人的同性（Akim）。　一切智識的獲得，都是『自我』的擴大，但是達到這種擴大，最好是在不直接去求他的時候。　他的得到是當着知識慾望獨自行動的時候，用一種研究，這種研究不預先想定他的對象應該有這個那個性質，但把自我順應到對象內發見的性質上去。　若把自我本來的樣子，來證明世界與這自我如此相類，他的這個知識，不許像似異類的東西加入，雖是可能，但那自我的擴大是不會得着的。　那求證這種事情的慾望，是一種『自矜』（Selfsassertion），且與一切自矜相似，為他所慾望的自我之發展的一種阻礙，而這種發展，自我固知是可能的。　自矜在哲學的思辨正如在別處一樣，看世界是達到他自已的鵠的之一種手段；所以他使世界不及自我那麼尊貴，而自我也把他的良善之偉大束縛着。反之，潛思由非自我為出發點，因經過他的偉大，自我的邊際，由是擴大；因經過宇宙之無垠，潛思的心，也得些無垠了。

因為這個緣故，靈魂的偉大，不是那些把宇宙類化於人類的哲學所培養出來的。　知識是自我與非自我聯合的一種法式，他像一切的聯合，遇着統治，便會分散，所以企圖強迫宇宙和在我們自己身裏找出來的東西相符合，也是一樣會把他分散了的。　現在有一個很廣的哲學傾向，他的意見以爲人是萬物的衡度，眞理是人所造的，空間，時間、和共相的世界，都是心靈的固有性。如果世間有不是由心所創造的東西，不但是不可知的，並且是與人無關的。　倘若我們前邊的討論是對的，這種意見，必是錯的；豈特錯誤；他把潛思爲自我所束縛，結果就把哲學的潛思一切的價值掠奪了去。　他以爲知識不是自我與非自我的聯合，不過是許多成見，習慣，和慾望，介乎我們與外界之間，造成一種進不去的幕帳。　凡以爲這種知識論是對的人，簡直是像一個恐怕自己的話不合法律，永永不離家庭範圍的一樣。

反之，眞正的哲學潛思，以各個非自我的擴大爲適意，以各個增大那潛思的對象爲適意，和以增大潛思的主觀爲適意。　在潛思內，凡是個人或私有的，凡靠着習慣，私利或慾望的，總把那些對象牽强附會了，所以就把智慧所找尋的聯合毀壞了。　這樣主觀和對象之間，便有了一重罣礙，這種個人的和私有的東西，變成智慧的囚獄。　自由的智慧之鑑照，或者與主宰的鑑照一樣；無「此地」無「現在」，無希望，無恐怖，無習信，無偏執，惟穆然肅然，專心一志於知識，離人我相，純然潛思，而這也是人類所能達到的。所以自由的智慧，把歷史上的偶然現象沒有加入的抽象和共相知識，看得較有價值，把那由感官得來和不能獨立的知識看得價值較少，因爲這種知識必定靠獨自的個人的觀點得來，所以隨個人的感官之曲解因生差異。

凡習於自由的，『不阿』的哲學潛思之心靈，就在行爲與情緒上，也保存這些同樣的自由和『不阿』。他將視他的鵠的和欲望，是全體的部分，去了那種看一個人的行事，對於世界上無窮片段，不生影響的固見。『不阿』在潛思上，是求眞理的純正欲望，在行爲上，爲必的同樣性質，是公正，在情緒上，是博愛，對於宇宙萬物，等量齊觀，不於有用無用，可羨可鄙，妄生分別相。於是乎潛思不僅僅是擴大我們思想的對象，並且擴大我們行爲和情感的東西：使我們做宇宙的人民，不只是與各處打仗的城市之人民。人類的眞正自由，和解脫偏狹的希望和恐佈之羈絆，就在乎這個做宇宙的人民。

這樣，綜起我們對於哲學價値的討論，可以說：我們並不是爲着問題的塙定答案，而研究哲學，因爲平常沒有塙定的答案，知道是眞的，所以不過爲着問題自已而去研究罷：這些問題，擴大我們對於可能能的東西之概念，增加我們知識的想像，減少那種固蔽人心，反抗思索的武斷見解；尤更因爲哲學所潛思的宇宙之偉大，人心也從之而偉大，遂變成能與搆成他的最高之善的宇宙聯合

哲學書籍介紹

凡想獲得哲學的初級智識之學者，最好是讀些大哲學家的著作；這種辦法，比那企圖在平常書籍中得些無統系的意見，是容易得多，有益得多的。 特爲介紹數種如下：

Plato: Republic, especially Books VI and VII. Translated by Davies and Vaughan. Golden Treasury Series.
Descartes: Meditations. Translated by Haldane and Ross. Cambridge University Press, 1991.
Spinoza: Ethics. Translated by Hale White and Amelia Stirling.
Leibniz: The Monadology. Translated by R. Latta, Oxford, 1898.
Berkeley: Three Diologues between Hylas and Philonous.
Hume: Enquiry Concerning Human Understanding.
Kant: Prologomena to every Future Metaphysic.

〔按：以上數種，只有第一種柏拉圖所著的共和國，是有華文譯本的。〕

（尚志學會出版）

中華民國九年十一月初版

哲學問題全一冊

定價大洋四角

著者 羅素

譯者 黃凌霜

閱者 張申甫

校者 張柏堅

出版者 新青年社 上海法大馬路大自鳴鐘對門

印刷者 華豐印刷所 上海英租界浙江路三十號